中华人民共和国行业标准

# 小交通量农村公路工程技术标准

# Technical Standard of Low Volume Rural Highway Engineering

**JTG 2111—2019**

主编单位：北京交科公路勘察设计研究院有限公司
批准部门：中华人民共和国交通运输部
实施日期：2019 年 06 月 01 日

人民交通出版社股份有限公司

**图书在版编目（CIP）数据**

小交通量农村公路工程技术标准：JTG 2111—2019 / 北京交科公路勘察设计研究院有限公司主编 . —北京：人民交通出版社股份有限公司，2019. 3

ISBN 978-7-114-15372-3

Ⅰ. ①小… Ⅱ. ①北… Ⅲ. ①农村道路—道路工程—道路施工—技术标准—中国 Ⅳ. ①U415-65

中国版本图书馆 CIP 数据核字（2019）第 042785 号

**标准类型：中华人民共和国行业标准**
**标准名称：小交通量农村公路工程技术标准**
**标准编号：**JTG 2111—2019
**主编单位：**北京交科公路勘察设计研究院有限公司
**责任编辑：**吴有铭　丁　遥
**责任校对：**刘　芹
**责任印制：**张　凯
**出版发行：**人民交通出版社股份有限公司
**地　　址：**（100011）北京市朝阳区安定门外外馆斜街 3 号
**网　　址：**http://www.ccpcl.com.cn
**销售电话：**（010）59757973
**总 经 销：**人民交通出版社股份有限公司发行部
**经　　销：**各地新华书店
**印　　刷：**北京市密东印刷有限公司
**开　　本：**880×1230　1/16
**印　　张：**4.5
**字　　数：**89 千
**版　　次：**2019 年 3 月　第 1 版
**印　　次：**2023 年 9 月　第 3 次印刷
**书　　号：**ISBN 978-7-114-15372-3
**定　　价：**50.00 元
（有印刷、装订质量问题的图书，由本公司负责调换）

# 中华人民共和国交通运输部

# 公　　告

第 8 号

## 交通运输部关于发布《小交通量农村公路工程技术标准》的公告

现发布《小交通量农村公路工程技术标准》(JTG 2111—2019)，作为公路工程行业标准，自 2019 年 6 月 1 日起施行。

《小交通量农村公路工程技术标准》(JTG 2111—2019) 的管理权和解释权归交通运输部，日常解释和管理工作由主编单位北京交科公路勘察设计研究院有限公司负责。

请各有关单位注意在实践中总结经验，及时将发现的问题和修改建议函告北京交科公路勘察设计研究院有限公司（地址：北京市海淀区花园东路 15 号旷怡大厦 12 层，邮政编码：100191)。

特此公告。

中华人民共和国交通运输部

2019 年 2 月 19 日

交通运输部办公厅　　2019 年 2 月 22 日印发

# 前　言

根据《交通运输部关于下达2018年度公路工程行业标准制修订项目计划的通知》（交公路函〔2018〕244号）的要求，由北京交科公路勘察设计研究院有限公司承担《小交通量农村公路工程技术标准》（JTG 2111—2019）（以下简称《标准》）的制定工作。

《标准》系统总结了我国农村公路建设经验，借鉴国外小交通量公路建设理念，在深入调研的基础上，综合考虑我国自然环境、交通特性、气象气候等条件，对现行《公路工程技术标准》（JTG B01）进行补充完善。

标准主要内容包括：

1. 规定了小交通量农村公路等级选用、设计车辆、交通量和设计速度等。

2. 规定了四级公路（Ⅰ类）、四级公路（Ⅱ类）路线圆曲线最小半径、最大纵坡和横断面尺寸等技术指标。

3. 规定了路基和涵洞设计洪水频率、路面设计使用年限，推荐了路面典型结构，强调了设置防护及排水设施的重要性。

4. 明确了桥涵设计荷载等级为公路—Ⅱ级。

5. 制定了单车道隧道技术指标。

6. 提出了平交口视距要求。

7. 有针对性地提出了小交通量农村公路安全设施设置要求。

《标准》由12章、2个附录组成，分别是总则，术语，基本规定，路线，路基，路面，排水，桥涵，隧道，路线交叉，交通安全设施，沿线设施及其他，附录A　路面典型结构，附录B　单车道隧道标准内轮廓。

本标准由孟书涛负责起草第1章，葛书芳负责起草第2章，赵源负责起草第3章，刘正祥负责起草第4章，宋琦负责起草第5章，苗英豪负责起草第6章及附录A，徐全亮负责起草第7章，张青、张浦负责起草第8章，朱文喜、郭旭明负责起草第9章、第10章及附录B，郑昊负责起草第11章，宁选杰负责起草第12章。

请各有关单位在执行过程中，将发现的问题和意见，函告本标准日常管理组，联系人：宋琦（地址：北京市海淀区花园东路15号旷怡大厦12层，北京交科公路勘察设计研究院有限公司，邮编：100191；电话：010-82010859，传真：010-62370155；电子邮箱：q.song@rioh.cn），以便修订时参考。

**主 编 单 位：** 北京交科公路勘察设计研究院有限公司
**参 编 单 位：** 交通运输部公路科学研究院
北京科技大学

**主 编：** 宋 琦
**主要参编人员：** 孟书涛 刘正祥 朱文喜 葛书芳 徐全亮
苗英豪 赵 源 郑 昊 张 青 宁选杰
张 浦 郭旭明

**主 审：** 李春风
**参与审查人员：** 周 伟 李彦武 霍 明 周荣贵 王增贤
吴华金 杨惠林 李志农 卞钧霈 王松根
张 胤 王 庆 符冠荣 全应红 胡 宾

**参 加 单 位：** 交通运输部科学研究院
福建省交通运输厅
贵州省公路局
河北省交通运输厅公路管理局
甘肃省公路局
重庆市公路局
浙江省公路管理局
**参 加 人 员：** 李 冰 范文涛 艾四芽 詹大德 赵卫国
杨晓林 韩东山 陆水军 任启东 贾 强

# 目　次

# 1　总则

**1.0.1**　为规范农村公路工程建设，补充完善公路工程技术标准，保证工程质量，提升工程耐久性，制定本标准。

**1.0.2**　本标准适用于小交通量农村公路的新建工程和改扩建工程。

**1.0.3**　农村公路建设应遵循安全耐久、经济适用、保护环境、节约资源的原则。

**1.0.4**　农村公路建设应与乡村规划相结合。

**1.0.5**　村镇路段应注重安全便民，并设置必要的速度控制设施。

**1.0.6**　应注重利用既有道路，鼓励资源循环利用。

**1.0.7**　交通安全设施、防护工程设施、排水设施应与主体工程同时设计、同时施工、同时投入使用。

**1.0.8**　改扩建应考虑人员出行需求。

**1.0.9**　应因地制宜，充分吸收地方成功经验，鼓励采用新材料、新设备、新工艺、新技术。

**1.0.10**　农村公路建设除应符合本标准的规定外，尚应符合国家和行业现行有关标准的规定。

# 2 术语

**2.0.1** 小交通量农村公路 low volume rural highway

纳入农村公路规划，年平均日设计交通量小于或等于1 000 辆小客车的公路。

**2.0.2** 错车道 passing bay

单车道公路上供车辆交错避让的加宽车道。

**2.0.3** 速度控制设施 speed limited facility

提示驾驶员控制速度或限制行驶速度的设施，包括限速标志、建议速度标志、块体路面、减速标线、路面限速标记或减速垄（丘）等。

**2.0.4** 村镇路段 village section

农村公路中穿过村镇的路段。

**2.0.5** 块体路面 block pavement

采用块石、预制水泥混凝土块、砖块等块体材料铺砌的路面。

# 3 基本规定

## 3.1 公路等级类型选用

**3.1.1** 公路技术等级选用应遵循下列原则：

1 应根据自然环境、经济条件、环保要求、交通特性等特点综合分析，并结合交通量论证确定。

2 小交通量农村公路交通组成中有大型、重载型车辆时，应按现行《公路工程技术标准》（JTG B01）执行。

3 小交通量农村公路交通组成中无大型、重载型车辆时，可按本标准执行。

**3.1.2** 交通组成中无大型、重载型车辆的小交通量农村公路分为四级公路（Ⅰ类）、四级公路（Ⅱ类）两个类型。

1 四级公路（Ⅰ类）为适合中小型客车、中型载重汽车、轻型载重汽车、四轮低速货车（原四轮农用车）、三轮汽车、摩托车、非机动车交通混合行驶的双车道公路。年平均日设计交通量宜在1 000辆小客车及以下。

2 四级公路（Ⅱ类）为适合中小型客车、中型载重汽车、轻型载重汽车、四轮低速货车（原四轮农用车）、三轮汽车、摩托车、非机动车交通混合行驶的单车道公路。年平均日设计交通量宜在400辆小客车及以下。

## 3.2 设计车辆

**3.2.1** 设计车辆外廓尺寸应符合表3.2.1的规定。

**表3.2.1 设计车辆外廓尺寸**

| 车辆类型 | 总长（m） | 总宽（m） | 总高（m） | 前悬（m） | 轴距（m） | 后悬（m） |
|---|---|---|---|---|---|---|
| 小客车 | 6.0 | 1.8 | 2.0 | 0.8 | 3.8 | 1.4 |
| 中型客车 | 7.0 | 2.3 | 3.0 | 1.0 | 4.0 | 2.0 |
| 轻型载重汽车 | 6.0 | 2.0 | 2.5 | 1.1 | 3.4 | 1.5 |
| 中型载重汽车 | 8.0 | 2.5 | 4.0 | 1.5 | 4.5 | 2.0 |
| 四轮低速货车（原四轮农用车） | 6.0 | 2.0 | 2.5 | 1.2 | 3.3 | 1.5 |

续表 3.2.1

| 车辆类型 | 总长（m） | 总宽（m） | 总高（m） | 前悬（m） | 轴距（m） | 后悬（m） |
|---|---|---|---|---|---|---|
| 三轮汽车 | 4.6 | 1.6 | 2.0 | — | — | — |
| 摩托车 | 2.5 | 1.0 | 2.25 | — | — | — |

**3.2.2** 有特殊车辆通行需求时，应验算确定。

## 3.3 交通量

**3.3.1** 四级公路（Ⅰ类）、四级公路（Ⅱ类）的设计交通量宜按 10 年预测。

**3.3.2** 交通量换算采用小客车为标准车型。各汽车代表车型及车辆折算系数应符合表 3.3.2 的规定。

**表 3.3.2 各汽车代表车型及车辆折算系数**

| 汽车代表车型 | 车辆折算系数 | 说明 |
|---|---|---|
| 小客车 | 1.0 | 座位≤9 座的客车 |
| 中型客车 | 1.0 | 9 座＜座位≤19 座的客车 |
| 轻型载重汽车 | 1.0 | 载质量≤2t 的货车 |
| 中型载重汽车 | 1.5 | 2t＜载质量≤7t 的货车 |
| 四轮低速货车（原四轮农用车） | 1.0 | — |
| 三轮汽车 | 1.0 | — |
| 摩托车 | 0.5 | — |

**3.3.3** 非机动车和拖拉机交通量换算应符合下列规定：

1 畜力车、人力车、自行车等非机动车按路侧干扰因素计。

2 拖拉机按外廓尺寸对应车型选择折算系数。

## 3.4 设计速度

**3.4.1** 四级公路（Ⅰ类）、四级公路（Ⅱ类）的设计速度应为 15km/h。

## 3.5 建筑限界

**3.5.1** 四级公路（Ⅰ类）、四级公路（Ⅱ类）的建筑限界应符合图 3.5.1 的规定，并应符合下列规定：

1　设置错车道路段的行车道宽度应包括车道及错车道部分的宽度。

2　四级公路（Ⅰ类）、四级公路（Ⅱ类）净高应为4.5m。

3　检修道或人行道与行车道分开设置时，其净高应为2.5m。

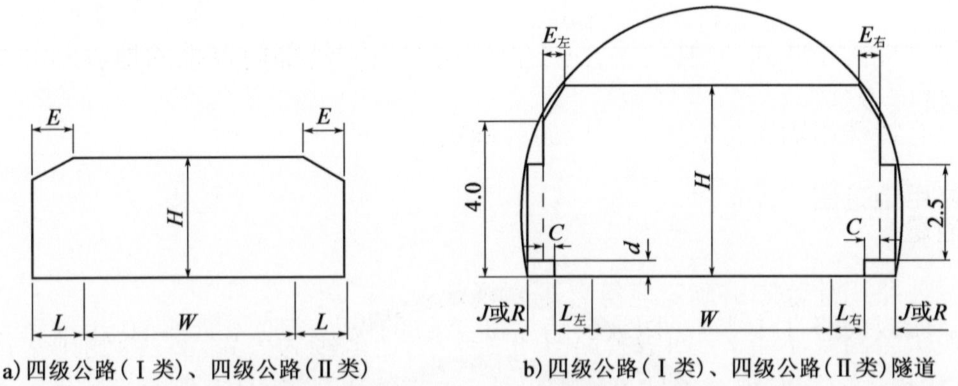


图3.5.1　四级公路（Ⅰ类）、四级公路（Ⅱ类）建筑限界（尺寸单位：m）

图中：$W$——行车道宽度；

$L$——侧向宽度，四级公路（Ⅰ类）、四级公路（Ⅱ类）侧向宽度为路肩宽度减去0.25m，设置护栏时，应根据护栏需要的宽度加宽路基；

$L_{左}$——隧道内左侧侧向宽度；

$L_{右}$——隧道内右侧侧向宽度；

$C$——余宽；

$J$——检修道宽度；

$R$——人行道宽度；

$d$——检修道或人行道高度；

$E_{左}$——建筑限界左顶角宽度，当$L_{左} \leqslant 1$m时，$E_{左} = L_{左}$；当$L_{左} > 1$m时，$E_{左} = 1$m；

$E_{右}$——建筑限界右顶角宽度，当$L_{右} \leqslant 1$m时，$E_{右} = L_{右}$；当$L_{右} > 1$m时，$E_{右} = 1$m；

$H$——净空高度。

### 3.6　防灾减灾

**3.6.1**　四级公路（Ⅰ类）、四级公路（Ⅱ类）灾害防治应遵循预防为主、防治结合的原则。公路线位不宜设在泥石流、滑坡、崩塌、地面沉降、塌陷、地震断裂活动带等自然灾害易发区；当不能避开时，应采取综合处治措施。

**3.6.2**　抗震设计应符合下列规定：

1　地震动峰值加速度系数小于或等于0.05地区的公路工程，除有特殊要求外，可简易设防。

2　地震动峰值加速度系数大于0.05、小于0.4地区的公路工程，应进行抗震设计。

3　地震动峰值加速度系数大于或等于0.4地区的公路工程，应进行专门的抗震设计。

4　做过地震小区划的地区，公路工程建设应按主管部门审批的地震动峰值加速度系数进行抗震设计。

## 3.7　公路用地范围

**3.7.1**　公路用地范围的确定应符合下列规定：

1　四级公路（Ⅰ类）、四级公路（Ⅱ类）用地范围为公路路堤两侧排水沟外边缘以外，无排水沟时为路堤或护坡道坡脚以外，或路堑坡顶截水沟外边缘以外，无截水沟时为坡顶以外，均不小于1m范围内的土地。

2　在风沙、雪害、滑坡、泥石流等不良地质地带设置防护、整治设施时，以及在膨胀土、盐渍土等特殊土地带采取处治措施时，应根据实际需要确定用地范围。

3　桥梁、隧道、路线交叉、安全设施、服务设施、管理设施、绿化以及其他线外工程等，应根据实际需要确定用地范围。

# 4　路线

**4.0.1**　路线设计应符合下列规定：

1　选线应结合区域环境、地质、水文条件，合理利用地形，满足使用功能，保证安全。

2　应综合考虑平、纵、横要素，整体均衡，并注重与环境和自然景观的协调。

3　大桥及中长隧道应为路线走向控制点，中小桥、短隧道及一般构造物的设置应服从路线走向。

4　圆曲线半径较小或纵坡较大的路段，应设置速度控制设施。

**4.0.2**　车道宽度和路肩宽度应符合表4.0.2的规定。对需要设置安全设施的路段，路肩宽度尚应满足安全设施设置所需的宽度。

**表4.0.2　车道宽度及路肩宽度**

| 公路等级 | 四级公路（Ⅰ类） | 四级公路（Ⅱ类） |
|---|---|---|
| 车道数 | 2 | 1 |
| 车道宽度（m） | 3.0 | 3.5 |
| 路肩宽度（m） | 0.25 | 0.50 |

**4.0.3**　单车道公路应设置错车道。错车道宜保持通视，每公里设置不宜少于3处；对于不通视路段，间距不宜大于200m。错车道路段尺寸宜符合表4.0.3的规定，平面布置如图4.0.3所示。

**表4.0.3　错车道路段尺寸**

| 公路等级 | 四级公路（Ⅱ类） |
|---|---|
| 错车道行车道宽度（m） | 6 |
| 错车道路肩宽度（m） | 0.25 |
| 错车道有效长度（m） | 10 |
| 每端错车道渐变段长度（m） | 9 |

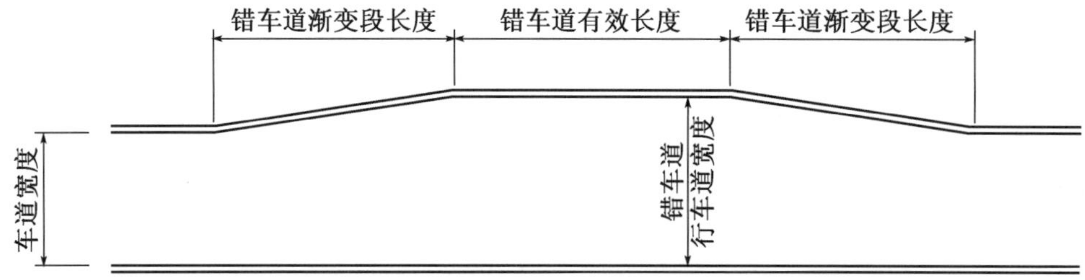


图 4.0.3　错车道平面布置图

**4.0.4**　路基宽度为行车道宽度与路肩宽度之和，典型横断面如图 4.0.4-1 和图 4.0.4-2 所示。

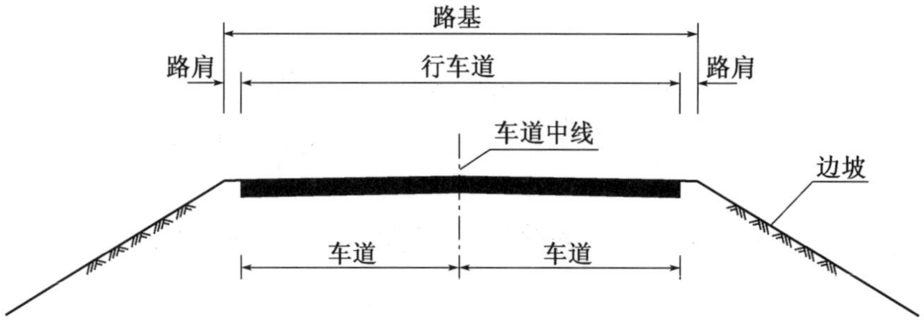


图 4.0.4-1　四级公路（Ⅰ类）典型横断面

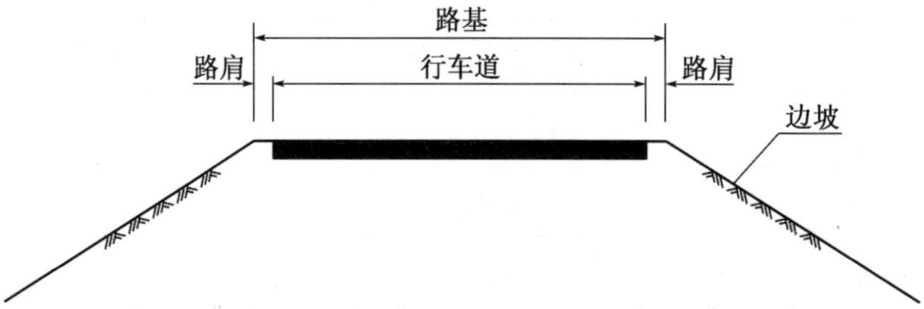


图 4.0.4-2　四级公路（Ⅱ类）典型横断面

**4.0.5**　视距应符合下列规定：

1　停车视距、会车视距与超车视距不应小于表 4.0.5 的规定。

**表 4.0.5　停车视距、会车视距与超车视距**

| 设计速度（km/h） | 15 |
|---|---|
| 停车视距（m） | 15 |
| 会车视距（m） | 30 |
| 超车视距（m） | 75 |

2　四级公路（Ⅰ类）应间隔设置满足超车视距的路段。

3　积雪冰冻地区的停车视距宜适当增长。

**4.0.6**　圆曲线最小半径应符合表4.0.6的规定。

**表4.0.6　圆曲线最小半径**

| 设计速度（km/h） | | 15 |
|---|---|---|
| 极限最小半径（m） | 双车道 | 15 |
| | 单车道 | 12（10） |
| 一般最小半径（m） | | 20 |
| 不设超高最小半径（m） | 路拱≤2% | 90 |
| | 路拱＞2% | 120 |

注：1. 当交通组成中无中型载重汽车和中型客车时，单车道极限最小半径可采用括号内数值。
2. 一般最小半径为正常情况下采用值，极限最小半径为条件受限时可采用的值。

**4.0.7**　圆曲线半径小于表4.0.6“不设超高最小半径”时，应设置圆曲线超高。圆曲线最大超高应采用4%。

**4.0.8**　圆曲线半径小于或等于250m时，应在平曲线内侧加宽，加宽值应符合表4.0.8的规定。

**表4.0.8　平曲线加宽值**（m）

| 曲线半径 | 250～≥200 | ＜200～≥150 | ＜150～≥100 | ＜100～≥70 | ＜70～≥50 | ＜50～≥30 | ＜30～≥25 | ＜25～≥20 | ＜20～≥15 | ＜15～≥10 |
|---|---|---|---|---|---|---|---|---|---|---|
| 四级公路（Ⅰ类） | 0.40 | 0.50 | 0.70 | 0.90 | 1.20 | 1.80 | 2.00 | 2.60 | 3.20 | — |
| 四级公路（Ⅱ类） | 0.20 | 0.25 | 0.35 | 0.45 | 0.60 | 0.90 | 1.00 | 1.30 | 1.60 | 2.30 |

**4.0.9**　最大纵坡应符合下列规定：

1　一般路段最大纵坡不应大于12%。对交通组成中无中型载重汽车和中型客车的四级公路（Ⅱ类），经论证并在保证安全的前提下，最大纵坡可增加2个百分点。

2　积雪冰冻地区最大纵坡不应大于8%。

3　回头曲线纵坡不应大于6%。

4　村镇路段纵坡不宜大于5%。

5　应避免小半径圆曲线与大纵坡相重合的线形。

**4.0.10**　纵坡的最小坡长不应小于45m。

**4.0.11**　在海拔3 000m以上的高原地区，最大纵坡值应按表4.0.11的规定折减。

表 4.0.11　高原纵坡折减值

| 海拔（m） | 3 000 ~ 4 000 | 4 000 ~ 5 000 | 5 000 以上 |
|---|---|---|---|
| 折减值（%） | 1 | 2 | 3 |

**4.0.12**　不同纵坡的最大坡长应符合表 4.0.12 的规定。

表 4.0.12　不同纵坡的最大坡长

| 坡度（%） | 5 | 6 | 7 | 8 | 9 | 10 | 11 | 12 | 13 | 14 |
|---|---|---|---|---|---|---|---|---|---|---|
| 坡长（m） | 1 100 | 900 | 700 | 500 | 400 | 300 | 250 | 200 | 150 | 100 |

**4.0.13**　连续上下坡路段，在不大于表 4.0.12 规定的纵坡长度之间应设置缓和坡段，缓和坡段长度不应小于 45m。缓和坡段纵坡不宜大于 3%，特殊困难路段经论证后不应大于 4%。

**4.0.14**　越岭路线连续上坡（或下坡）路段，一般情况下，相对高差为 200 ~ 500m 时平均纵坡不宜大于 5.5%；相对高差大于 500m 时平均纵坡不宜大于 5%，且任意连续 3km 路段的平均纵坡不宜大于 5.5%。不能满足上述要求时，应进行安全分析论证，并采取增设安全设施等措施。

**4.0.15**　公路纵坡变化处应设竖曲线，竖曲线最小半径和最小长度应符合表 4.0.15 的规定。

表 4.0.15　竖曲线最小半径和最小长度

| 设计速度（km/h） | 15 |
|---|---|
| 凸形竖曲线最小半径（m） | 75 |
| 凹形竖曲线最小半径（m） | 75 |
| 竖曲线最小长度（m） | 15 |

# 5 路基

**5.0.1** 路基设计应符合下列规定：

1 路基应具有足够的强度、稳定性和耐久性。

2 路基应设置排水设施与防护设施。

3 路基应根据当地自然条件和工程地质条件，因地制宜，统筹考虑安全、环境、土地、经济等因素，选择合理的断面形式和边坡坡度。

4 路基通过特殊地质和水文条件的路段，应结合当地实践经验，采取综合治理措施，增强公路防灾、抗灾能力。

5 路基设计洪水频率应参考当地水文要素，结合村镇发展规划、排洪、泄洪等情况综合确定，不宜低于1/15。过水路面设计洪水频率应根据容许阻断交通的时间长短和对上下游农田、乡镇、村庄的影响确定。

**5.0.2** 路肩宜采用当地材料硬化，土质路肩压实度不应小于90%。

**5.0.3** 路基高度应符合下列规定：

1 路基设计高度应使路肩边缘高出路基两侧地面积水高度，同时考虑地下水、毛细水和冰冻的作用，不使其影响路基的强度和稳定性。

2 填土高度受限时，应做好排水设计，并采取换填、设置隔离层等处治措施。

3 沿河及受水浸淹的路基边缘高程，应满足设计洪水频率的计算水位加壅水高、波浪侵袭高和0.5m的安全高度。

**5.0.4** 原地面处理要求和路基技术要求应符合下列规定：

1 路堤基底应清理和压实。在一般土质地段，基底压实度不应小于85%（重型击实）。基底强度、稳定性不足时，应进行处理，以保证路基稳定，减少工后沉降。

2 路基填料最小承载比应符合表5.0.4-1的规定。

**表5.0.4-1 路基填料最小承载比要求**

| 路基部位 | 路面底面以下深度（m） | 填料最小承载比（CBR）（%） |
|---|---|---|
| 路床 | 0～0.30 | 5 |
| | 0.30～0.80 | 3 |

续表 5.0.4-1

| 路基部位 | 路面底面以下深度（m） | 填料最小承载比（CBR）（%） |
|---|---|---|
| 路堤 | 0.80 ~ 1.50 | 3 |
| | >1.50 | 2 |

3 路基压实度应符合表 5.0.4-2 的规定。

**表 5.0.4-2 路基压实度要求**

| 路床顶面以下深度（m） | 路基压实度（%）（重型击实） |
|---|---|
| 0 ~ 0.30 | ≥94 |
| 0 ~ 0.80 | ≥94 |
| 0.80 ~ 1.50 | ≥93 |
| >1.50 | ≥90 |

注：特殊干旱或特殊潮湿地区的路基压实度可适当降低。

4 填石路基应通过试验路段确定合适的填筑层厚、压实工艺以及质量控制标准，宜采用孔隙率法。

5 路床顶面回弹模量值不应低于 30MPa，采用沥青混凝土路面和水泥混凝土路面时不应低于 40MPa。

**5.0.5** 路基边坡设计应符合下列规定：

1 应根据当地自然条件和工程地质条件，选择适当的边坡坡率。

2 利用既有公路路基边坡时，边坡的形式、坡率及防护可综合工程实际情况合理确定。

3 有条件时宜采用缓边坡，与原地形相协调。

**5.0.6** 路基防护应符合下列规定：

1 路基防护类型应根据当地气候环境、工程地质和材料等情况确定，宜采用植物防护，并与适当的工程防护相结合。

2 路基防护应针对不稳定边坡、易受冲刷的沿河路段等，采取设置挡土墙、护坡、护岸、石笼、抛石等工程措施。

**5.0.7** 路基拓宽改建应符合下列规定：

1 应根据沿线的地形地貌和地质特点、既有路基现状及拓宽后的交通组成，综合比较确定既有路基的利用与拓宽拼接方案，采取合理的工程措施，控制新老路基之间的差异沉降，保证拓宽改建路基的强度和稳定性。

2 拓宽路基的基底处理、填料最小强度和压实度等应满足改建后相应等级公路的要求。

# 6　路面

**6.0.1**　路面设计应符合下列规定：

1　路面应具有足够的强度、稳定性和耐久性，面层应满足平整度要求。

2　应综合考虑材料、经济、养护、环境等因素合理选用路面结构形式。

**6.0.2**　路面设计使用年限不应小于表6.0.2的规定。

**表6.0.2　路面设计使用年限**

| 路面类型 | 设计使用年限（年） |
|---|---|
| 砂石路面 | — |
| 块体路面 | 8 |
| 沥青路面 | 8 |
| 水泥混凝土路面 | 10 |

**6.0.3**　路面结构与材料应符合下列规定：

1　路面结构应由面层、基层组成，根据需要可选择设置底基层或功能层。石质路基路段的水泥混凝土路面可由调平层和面层组成。

2　基层和底基层材料可参照表6.0.3-1选用。

**表6.0.3-1　基层和底基层材料**

| 类　型 | 材　料 |
|---|---|
| 无机结合料稳定类 | 石灰稳定细粒土 |
| | 水泥稳定细粒土 |
| | 石灰粉煤灰稳定细粒土 |
| | 水泥稳定碎石或砾石 |
| | 石灰粉煤灰稳定碎石或砾石 |
| 粒料类 | 级配碎石或砂砾 |
| | 填隙碎石 |
| | 泥结或泥灰结碎石 |
| 废旧路面再生类 | 再生沥青混合料 |
| | 再生无机结合料稳定材料 |
| 其他类 | 固化剂稳定细粒土 |

3　不同材料基层和底基层厚度宜符合表 6. 0. 3-2 的规定。

**表 6. 0. 3-2　基层和底基层厚度**

| 结构层类型 | 结构层适宜厚度（cm） |
|---|---|
| 无机结合料稳定细粒土 | 16 ~ 20 |
| 无机结合料稳定碎石或砾石 | 16 ~ 20 |
| 级配碎石、级配砂砾 | 15 ~ 20 |
| 泥结碎石、泥灰结碎石 | 10 ~ 15 |
| 填隙碎石 | 10 ~ 12 |
| 厂拌冷再生沥青混合料 | 6 ~ 16 |
| 乳化沥青、泡沫沥青就地冷再生 | 8 ~ 16 |
| 无机结合料稳定就地冷再生 | 15 ~ 22 |
| 固化剂稳定细粒土 | 16 ~ 20 |

4　面层材料类型可参照表 6. 0. 3-3 选用。

**表 6. 0. 3-3　面 层 材 料**

| 类　型 | 材　料 |
|---|---|
| 沥青类 | 沥青表处 |
| | 沥青碎石封层 |
| | 贯入式沥青碎石 |
| | 上拌下贯式沥青碎石 |
| | 沥青混凝土 |
| 水泥混凝土 | 水泥混凝土 |
| 块体类 | 块石 |
| | 砖块 |
| | 预制混凝土块 |
| 废旧沥青路面再生类 | 厂拌热再生沥青混合料 |
| | 厂拌冷再生沥青混合料 |
| | 就地热再生沥青混合料 |
| | 就地冷再生沥青混合料 |
| 砂石类 | 泥结碎石 |
| | 泥灰结碎石 |
| | 级配砂砾 |
| | 级配碎石 |

5　沥青混凝土面层厚度宜符合表 6. 0. 3-4 的规定，其他类型路面面层厚度宜符合表 6. 0. 3-5 的规定。

**表 6.0.3-4　沥青混凝土面层适宜厚度**

| 沥青混合料类型 | 公称最大粒径（mm） | 适宜厚度（cm） |
|---|---|---|
| 中粒式沥青混凝土 | 16 | 5~8 |
| | 19 | 6~10 |
| 细粒式沥青混凝土 | 9.5 | 3~4 |
| | 13.2 | 4~6 |
| 砂粒式沥青混凝土 | 4.75 | 1.5~3 |

**表 6.0.3-5　其他类型路面面层适宜厚度**

| 面 层 类 型 | 适宜厚度（cm） |
|---|---|
| 沥青表面处治 | 层铺 1~3，人工拌和 2~4 |
| 贯入式沥青碎石 | 4~10 |
| 上拌下贯式沥青碎石 | 5~10 |
| 沥青碎石封层 | 1~2 |
| 水泥混凝土路面 | 18~25 |
| 块石路面 | ≥15 |
| 砖块路面 | ≥12 |
| 水泥预制块路面 | ≥10 |
| 厂拌冷再生沥青混合料 | 6~16 |
| 就地热再生沥青混合料 | 2~5 |
| 乳化沥青、泡沫沥青就地冷再生 | 8~16 |
| 泥结碎石、泥灰结碎石 | 10~15 |
| 级配碎石、级配砂砾 | 15~20 |

6　水泥混凝土路面面层设计强度应采用 28d 龄期的弯拉强度，设计强度不应低于 4.0MPa。

7　预期工后沉降较大的路基，宜采用砂石路面或块体路面。

8　急弯、陡坡及易积雪结冰路段，应采取措施提高路面抗滑性能。

9　急弯、长大下坡、村镇路段及视距不佳的交叉口等位置前，应设置块体路面等速度控制设施。

10　过水路面应采用水泥混凝土路面。

**6.0.4**　路面结构应优先选用当地路面典型结构，当缺乏相应资料时，可根据条件选择本标准附录 A 推荐的典型结构。

**6.0.5**　路拱坡度应符合下列规定：

1　路面应设置路拱，四级公路（Ⅰ类）宜采用双向路拱横坡，四级公路（Ⅱ类）

宜采用单向路拱横坡。

2　路拱坡度宜按表 6. 0. 5 确定。

**表 6. 0. 5　路拱坡度建议值**

| 路 面 类 型 | 路 拱 坡 度 |
|---|---|
| 沥青路面、水泥混凝土路面 | 1. 5% ~4% |
| 块体路面、砂石路面 | 2% ~4% |

注：干旱或冰冻积雪地区取低值，多雨地区取高值。

3　土质路肩横坡度宜较行车道横坡度增大 1 个百分点。

**6. 0. 6**　改扩建工程路面设计应符合下列规定：

1　应对现有路面状况进行调查评估，有针对性地开展设计。

2　应充分利用既有路面结构。

# 7　排水

**7.0.1**　排水设施应符合下列规定：

1　应综合设计、合理布局，与沿线构造物通畅衔接，注重与自然水系和农田水利设施相结合，注重环境保护，防止水土流失。

2　应注重与村镇排水设施衔接。

3　应根据沿线气象、地形、地质、水文等自然条件进行设计，宜结合当地材料及经济情况选择合理形式。

4　排水设施尺寸应考虑降水量、汇水面积、地形特点等计算确定，村镇路段排水设施尺寸确定时应充分考虑清淤和通畅的需求。

5　特殊性岩土和不良地质路段应加强排水设计。

6　有条件时，在满足排水功能前提下，宜采用宽、浅形式的排水设施。

**7.0.2**　边沟、排水沟应符合下列规定：

1　山岭重丘区、年降水量大于或等于250mm的挖方路基和低路堤应设置边沟，冲刷严重路段应设置硬化边沟；年降水量小于250mm或无集中排水要求的平原区路段可不设置边沟。

2　边沟、排水沟可采用图7.0.2所示的浅碟形、三角形、矩形等横断面形式。地形平缓的低填浅挖路段宜采用浅碟形、三角形等形式；土质边沟可采用天然弧线形横断面。

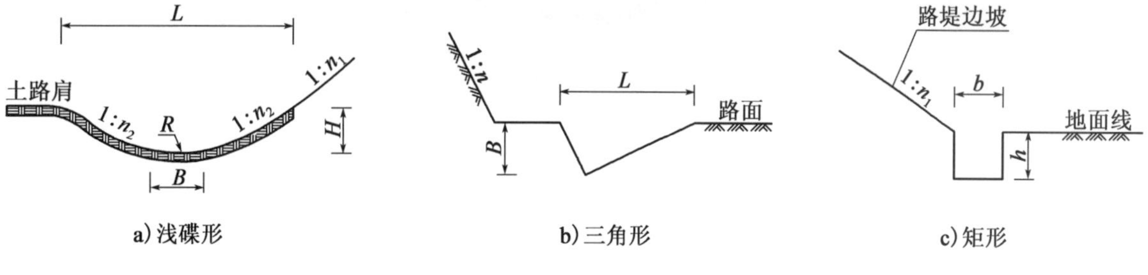


图7.0.2　典型边沟或排水沟形式

3　村镇路段宜选择盖板边沟、暗埋式边沟等形式。

4　边沟砌筑宜充分利用当地材料，可采用浆砌卵石、浆砌片石、现浇混凝土或混凝土预制块等方式。浅碟形土质边沟可选用砂砾、石渣、卵石等当地材料加固。

5　边沟纵坡应结合路线纵坡、地形、土质、出水口位置等情况选定，宜与路线纵坡一致且不宜小于0.3%。

6 汇水面积较大、纵向边沟连续长度超过500m的路段，应设置排水设施将水引流到路基之外。

**7.0.3** 截水沟应符合下列规定：

1 应结合地形条件及汇水面积等设置。

2 截水沟断面形式及尺寸应结合设置位置、排水量、地形及边坡情况确定。

3 冲刷严重段落应进行加固。

**7.0.4** 受地下水影响的路堑路段可设置盲沟、渗沟等地下排水设施。

**7.0.5** 设置过水路面时，路面下宜设置涵洞，两侧应设置防护设施。

**7.0.6** 桥面排水应符合本标准第8.0.1条的规定，涵洞排水应符合本标准第8.0.12条的规定，隧道排水应符合本标准第9.0.5条的规定，并做好结构物和路基的排水衔接。

# 8 桥涵

**8.0.1** 桥涵设计应符合下列规定：

1 桥位宜选择河道顺直、水流稳定、河床地质良好的河段。

2 桥涵结构形式应根据公路功能、通行能力和防灾减灾等需要，按照因地制宜、就地取材、便于施工和养护的原则，合理选用。

3 桥梁宜采用标准跨径、技术成熟的桥型。

4 桥面应有完善的防排水系统。

5 桥涵设置应充分考虑地质、水文、通航等条件，合理确定桥梁规模、基础形式及埋置深度，加强桥涵结构及桥头引道路基的防护，提高抗冲刷、抗水毁能力。

6 改扩建工程应本着安全、经济的原则合理利用既有桥梁。

**8.0.2** 桥涵设计的汽车荷载等级不应低于公路—Ⅱ级。

**8.0.3** 设置人行道的桥梁应计入人群荷载，并应符合下列规定：

1 桥梁计算跨径小于或等于50m时，人群荷载标准值为3.0kN/m$^2$；桥梁计算跨径大于或等于150m时，人群荷载标准值为2.5kN/m$^2$；桥梁计算跨径大于50m、小于150m时，可由线性内插得到人群荷载标准值。

2 非机动车、行人密集的桥梁，人群荷载标准值应为上述标准值的1.15倍。

**8.0.4** 桥涵标准化跨径规定如下：0.5m、0.75m、1.0m、1.25m、1.50m、2.0m、2.5m、3.0m、4.0m、5.0m、6.0m、8.0m、10m、13m、16m、20m、25m、30m、35m、40m、50m。

**8.0.5** 桥面人行道和护栏的布置应符合下列规定：

1 村镇路段桥梁宜在两侧设置人行道，人行道宽度宜为1m，大于1m时，按0.5m的级差增加。

2 设置人行道的桥梁，可通过路缘石等分隔设施将人行道与行车道进行分离，路侧应设置护栏。

3 路缘石高度可取用0.25～0.35m。

**8.0.6** 桥涵的设计洪水频率应符合下列规定：

1 大中桥设计洪水频率按1/50。

2 小桥设计洪水频率按1/25。

3 涵洞及小型排水构造物设计洪水频率应参考当地水文要素，结合村镇发展规划、排洪、泄洪等情况综合确定，不宜低于1/15。

4 漫水桥的设计洪水频率，应根据容许阻断交通的程度和时间长短，桥梁结构形式，水文情况，引道条件和对上、下游农田、村镇的影响等因素确定。

**8.0.7** 桥面净空应符合本标准关于公路建筑限界的规定，并应符合下列规定：

1 不设置人行道的四级公路（Ⅱ类）桥面净宽不应小于4.5m。

2 路、桥不同宽度间应顺适过渡。

3 桥上设置的各种管线、安全设施等不得侵入公路建筑限界。

**8.0.8** 桥下净空应符合下列规定：

1 通航或流放木筏的河流，桥下净空应符合通航标准或流放木筏的要求。

2 跨线桥桥下净空应符合被交叉的公路、铁路、其他道路等建筑限界的规定。

3 桥下净空应考虑排洪、流水、漂流物、冰塞以及河床冲淤等情况。

**8.0.9** 桥梁及其引道的平、纵、横技术指标应与路线总体布设相协调，并应符合下列规定：

1 大中桥上纵坡不宜大于4%，桥头引道纵坡不宜大于6%；小桥处纵坡应随路线纵坡设计，且不得大于9%。

2 对于易结冰、积雪的桥梁，桥上纵坡宜适当减小。

3 位于村镇混合交通繁忙处的桥梁，桥上纵坡和桥头引道纵坡均不得大于3%。

4 桥头两端引道的线形应与桥梁的线形相匹配。

**8.0.10** 容许有限度地中断交通时，可设置漫水桥或过水路面。

**8.0.11** 桥涵改扩建应符合下列规定：

1 桥涵拼接新建部分应满足现行标准的要求。

2 对直接利用或拼接加宽利用的原有桥涵，应进行检测评估并满足原设计荷载标准要求，其极限承载力应满足或采取加固措施后应满足现行标准要求。对于不满足荷载标准要求，但使用状况良好，因经济、技术和其他因素暂不加固时，应限载通行。

3 桥梁加宽宜采用与原有桥梁相同或相近的结构形式和跨径。

**8.0.12** 涵洞设置应满足路基排水及泄洪要求，充分考虑农田水利及自然水系排灌与周围灌溉系统衔接，并应符合下列规定：

1 涵洞宜根据当地材料采用经济适用、方便施工与养护的圆管涵、盖板涵、波纹管涵、拱涵等结构形式，跨径不宜小于0.75m。

2　涵洞进出口工程应完善，涵顶填土应满足最小厚度要求。

3　排水不畅路段，应通过增设涵洞等排水设施进行疏导。

**8.0.13**　桥涵主体结构和可更换部件的设计使用年限应符合表8.0.13的规定。

**表8.0.13　桥涵设计使用年限**（年）

| 主体结构 | | | 可更换部件 |
|---|---|---|---|
| 大桥 | 中桥 | 小桥、涵洞 | 栏杆、伸缩装置、支座等 |
| 100 | 50 | 30 | 15 |

# 9 隧道

**9.0.1** 隧道设计应符合下列规定：

1 隧道应综合考虑其所处的地形、地质、施工等条件进行设计。

2 四级公路（Ⅰ类）、四级公路（Ⅱ类）隧道宜采用中、短隧道。

3 隧道选址应对该区域的自然地理、场地与生态环境、工程地质、水文地质、气象、地震等进行勘察，取得必要的勘察基础资料，经技术经济论证后确定。

4 当路基中心开挖深度大于30m时，宜进行明挖与隧道方案的技术、经济和环保论证，择优选定。

5 四级公路（Ⅱ类）隧道宜采用双车道。条件受限时，可采用单车道，长度不应大于500m。

6 四级公路（Ⅰ类）隧道应采用双车道。双车道隧道设计应执行现行《公路工程技术标准》（JTG B01）四级公路隧道的规定。

7 单车道隧道洞口两端应设置错车道，其路基宽度不应小于6.5m，有效长度不宜小于15m。长度大于250m的单车道隧道，宜在隧道中部设置错车道1处。

8 单车道隧道可根据需要设置人行道，人行道宜设置在排水沟上。

9 隧道洞内为水泥混凝土路面时，表面应刻槽、压槽、拉毛或凿毛。

10 有条件时隧道可设置照明，并选择经济、合理的照明及供电方式。未设置照明的隧道应设置视线诱导设施。

**9.0.2** 隧道建筑限界应符合本标准第3.5.1条的规定，在建筑限界内不得有任何部件侵入。隧道建筑限界基本宽度应符合表9.0.2的规定，并应符合下列规定：

1 建筑限界高度 $H$ 应为4.5m。

2 路面横坡宜采用1.5%。

3 单车道隧道路面横坡应为单向坡，建筑限界底边线应与路面重合。

**表9.0.2 隧道建筑限界横断面组成最小宽度**

| 公路等级 | 设计速度（km/h） | 行车道宽度 $W$（m） | 侧向宽（m） | | 余宽 $C$（m） | 人行道宽度 $R$（m） | 断面净宽（m） | |
|---|---|---|---|---|---|---|---|---|
| | | | 左侧 $L_{左}$ | 右侧 $L_{右}$ | | | 不设人行道 | 设人行道 |
| 四级公路（Ⅱ类） | 15 | 3.50 | 0.25 | 0.25 | 0.25 | 0.75 | 4.50 | 5.50 |

**9.0.3** 单车道隧道路线平、纵面技术指标应符合下列规定：

1　两隧道口之间应保证通视，平面线形宜采用直线。

2　纵坡不应小于0.3%，不宜大于3%，困难路段不宜大于4%，但短于100m的隧道可不受此限制。

3　隧道内的纵坡宜设置为单向坡。

**9.0.4**　洞门及衬砌结构设计应符合下列规定：

1　应根据隧道进出口地形及地质条件，结合环境保护，合理选择洞门结构形式。

2　隧道衬砌设计应综合考虑地形、地质条件、埋深、断面形状、施工条件等因素，洞口段可采用整体式或复合式衬砌，洞身段可采用喷锚衬砌或复合式衬砌。衬砌应有足够的强度和稳定性，保证隧道长期安全使用。

3　Ⅰ、Ⅱ级围岩的单车道隧道，洞身段可不进行衬砌，但应喷射水泥砂浆作为保护层，必要时辅以局部锚杆支护。洞口段10m应进行衬砌，并应设置洞门。

4　单车道隧道衬砌可采用直墙式或曲墙式，设置人行道时宜采用直墙式。不设置人行道的单车道隧道衬砌内轮廓可参考本标准附录B。

**9.0.5**　隧道防排水应遵循“防、排、截、堵相结合，因地制宜，综合治理”的原则，保证隧道结构物和运营设备的正常使用和行车安全。隧道防排水设计应对地表水、地下水妥善处理，洞内外应形成一个完整畅通的防排水系统。

**9.0.6**　隧道改扩建应结合地形、地质、路线总体、既有隧道现状等，进行增建与改扩建方案的比选。

**9.0.7**　单车道隧道口应设置停车让行、禁止洞内错车的警告标志。

**9.0.8**　隧道主体结构设计使用年限应为50年，隧道内水沟、电缆沟槽、盖板等可更换部件设计使用年限应为30年。

# 10 路线交叉

**10.0.1** 路线交叉设计应符合下列规定：

1 四级公路（Ⅰ类）、四级公路（Ⅱ类）与公路相交时，应根据地形条件、被交公路的技术等级、交叉设计原则，选择合理的交叉方式。

2 四级公路（Ⅰ类）、四级公路（Ⅱ类）与铁路、管线交叉时，应执行现行《公路工程技术标准》（JTG B01）关于四级公路与铁路、管线交叉的规定。

3 有条件时，四级公路（Ⅰ类）、四级公路（Ⅱ类）及机耕路等宜适当归并后再与公路交叉。被交道上交叉口设置间距应满足相关规范要求。

**10.0.2** 与高速公路相交叉应采用分离式立体交叉。

**10.0.3** 与一级公路相交叉宜采用立体交叉。

**10.0.4** 与二、三、四级公路相交时，宜采用平面交叉。地形条件有利时，可采用立体交叉。

**10.0.5** 无铺装路面公路与水泥混凝土或沥青路面公路交叉时，距被交路边线10～20m范围内应铺装相应路面。

**10.0.6** 平面交叉宜正交，需要斜交时，交叉角宜大于45°。

**10.0.7** 平面交叉范围路线平、纵面技术指标应符合下列规定：

1 交叉口范围内的路线宜采用直线。需采用曲线时，其曲线半径不宜小于不设超高的最小圆曲线半径。

2 交叉口范围内的四级公路（Ⅰ类）、四级公路（Ⅱ类）纵坡不宜大于3%，困难路段不宜大于6%。

**10.0.8** 平交口视距应符合下列规定：

1 在每条岔路的转弯车道上都应提供与行驶速度相适应的引道视距，如图10.0.8-1所示。

2 两相交公路间，由各自停车视距所组成的三角区内不得存在任何有碍通视的物体，如图 10. 0. 8-2 所示。

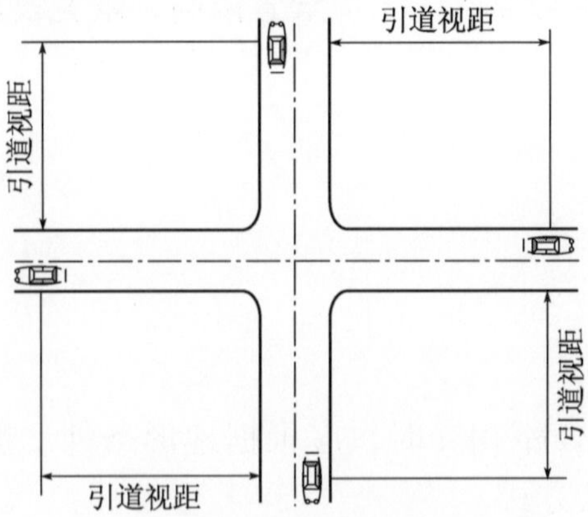


图 10. 0. 8-1　引道视距

注：引道视距在数值上等于停车视距。

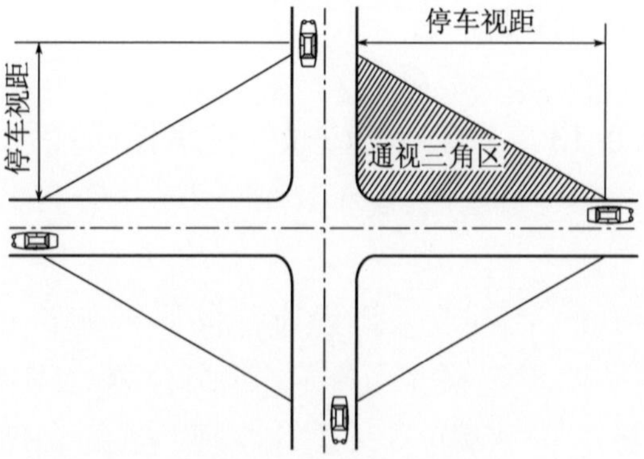


图 10. 0. 8-2　通视三角区

3　条件受限制不能保证由停车视距所构成的通视三角区时，应保证主要公路的安全交叉停车视距和次要公路至主要公路边车道中心线 5 ~ 7m 所组成的通视三角区，如图 10. 0. 8-3 所示。安全交叉停车视距值应符合表 10. 0. 8 的规定。

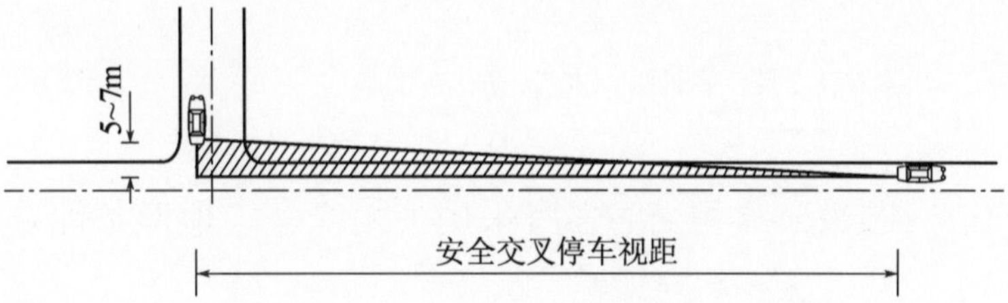


图 10. 0. 8-3　安全交叉停车视距通视三角区

**表 10. 0. 8　安全交叉停车视距**

| 设计速度（km/h） | 100 | 80 | 60 | 40 | 30 | 20 | 15 |
|---|---|---|---|---|---|---|---|
| 停车视距（m） | 160 | 110 | 75 | 40 | 30 | 20 | 15 |
| 安全交叉停车视距（m） | 250 | 175 | 115 | 70 | 55 | 35 | 25 |

**10. 0. 9**　改建工程平交口视距不能满足本标准第 10. 0. 8 条的规定时，应采取限速并设置必要的警告标志等措施，保证行车安全。

**10. 0. 10**　平面交叉加铺转角时，半径不应小于 5m。

**10. 0. 11**　采用立体交叉时，应充分利用现有通道和桥梁进行穿越。地形条件容许时，可设置为简易互通式立交。

**10.0.12** 新建工程通道净空应符合本标准第3.5.1条公路建筑限界的规定。改建工程利用既有构造物下穿公路、铁路等工程净空不符合要求时，应设置限高、限宽设施及绕行指路标志。

**10.0.13** 下穿通道应做好排水设计。

# 11　交通安全设施

## 11.1　一般规定

**11.1.1**　交通安全设施主要包括交通标志、交通标线、护栏、视线诱导设施和其他交通安全设施等。

**11.1.2**　交通安全设施建设规模和标准应在交通安全综合分析的基础上确定，优先设置主动引导设施，根据需要设置被动防护设施。

**11.1.3**　各类交通安全设施应按需设置、互为补充。

**11.1.4**　应根据需要设置速度控制设施。

**11.1.5**　交通标志、护栏、视线诱导设施等不得侵入公路建筑限界。

## 11.2　交通标志

**11.2.1**　交通标志设置应符合下列规定：

1　交通标志应满足现行《道路交通标志和标线》（GB 5768）对标志颜色、图案和形状的要求。

2　交通标志设置应总体布局、突出重点、合理设置。

3　急弯、陡坡、连续弯道、村镇、学校、隧道等路段应根据需求设置相应的交通标志。

4　四级公路（Ⅰ类）、四级公路（Ⅱ类）与三级及以上公路交叉的非灯控平交口，应在四级公路（Ⅰ类）、四级公路（Ⅱ类）上设置停车让行标志。

**11.2.2**　交通标志结构形式及标志材料应符合下列规定：

1　交通标志结构形式宜采用单柱式。

2　交通标志可采用非金属材料或再生材料。

3　在满足视认性时，交通标志可利用路侧山体岩石、木板、砖砌体等结构设置。

**11.2.3** 交通标志的字高和尺寸应符合下列规定：

1 交通标志汉字字高宜采用 25cm，数字宜和汉字等高，字母高度宜采用汉字字高的 1/2。

2 警告标志边长不应小于 60cm，圆形禁令标志直径不应小于 50cm，三角形禁令标志边长不应小于 60cm，八角形禁令标志外接圆直径不应小于 50cm，指示标志的直径（或短边边长）不应小于 50cm。

## 11.3 交通标线

**11.3.1** 沥青路面和水泥混凝土路面的四级公路（Ⅰ类）、四级公路（Ⅱ类）应根据需要设置交通标线。

**11.3.2** 车行道分界线的设置应符合下列规定：

1 四级公路（Ⅰ类）应施划车行道分界线。

2 四级公路（Ⅰ类）可跨越对向车行道分界线为单黄虚线。不能满足超车视距要求的路段，隧道、大桥、村镇路段，平面交叉驶入段等路段应施划单黄实线。

**11.3.3** 车行道边缘线的设置应符合下列规定：

1 四级公路（Ⅰ类）、四级公路（Ⅱ类）的隧道、窄桥、路面宽度发生变化的路段，采用本标准极限最小半径的平曲线段，村镇及学校等路段，及其上下游 30m 内应施划车行道边缘线。

2 四级公路（Ⅰ类）、四级公路（Ⅱ类）的其他路段可施划车行道边缘线。

3 在出入口、交叉口及停靠站点等允许车辆跨越边缘线的地方，可设置车行道边缘虚线。

**11.3.4** 跨线桥墩柱立面、隧道洞口侧墙端面、限高限宽设施及其他障碍物立面上宜设置立面标记。

**11.3.5** 隧道车行道边缘线外应设置反光突起路标。

**11.3.6** 交通标线应具有良好的耐久性、抗滑性和经济性，并便于施工。

## 11.4 护栏

**11.4.1** 选取护栏形式时，应考虑护栏的建设成本和养护成本。

**11.4.2** 桥梁段应设置护栏，防护等级不应低于二（B）级。

**11.4.3** 行车道外侧 3m 内有下列情况时，应设置护栏，防护等级不应低于一（C）级：

1 深度 30m 以上的悬崖、深谷、深沟等的路段；

2 江、河、湖、海、沼泽等水深 1.5m 以上水域；

3 小半径曲线外侧 3m 内或填方段坡底有居民房屋的路段。

**11.4.4** 行车道外侧 3m 内有下列情况时，宜设置护栏，防护等级不应低于一（C）级：

1 边坡坡度陡于 1:1，且填方大于 4m 的路段；

2 急弯或连续下坡路段小半径曲线外侧，且填方大于 4m 的路段。

**11.4.5** 除本标准第 11.4.2、11.4.3、11.4.4 条规定以外的路段，可根据需要设置示警桩、示警墩等视线诱导设施，也可在路侧植树、堆土或设置砌块等。

**11.4.6** 护栏的设置位置应符合下列规定：

1 路侧护栏宜设置在路肩上，可设置在等于或缓于 1:6 的边坡上。路肩宽度不足，且边坡陡于 1:4 时，应对路肩进行加宽。

2 特殊情况下，也可设置于坡度在 1:4～1:6 的边坡上，设置时应保持护栏在路面以上的高度不变，护栏迎撞面与路肩外边缘间水平距离应小于 0.75m，并应保证护栏结构外侧的土压力，护栏迎撞面前的边坡应平整、没有突起部分。

**11.4.7** 不同护栏间应进行过渡设计，护栏端头应进行处理。

## 11.5 视线诱导设施

**11.5.1** 常用的视线诱导设施有轮廓标、线形诱导标、示警桩、示警墩、道口标柱等。

**11.5.2** 隧道内应设置轮廓标。视距不良路段、车道数或车道宽度有变化的路段、急弯路段及连续急弯陡坡等路段，宜设置轮廓标。

**11.5.3** 视距不良的弯道路段，需要标识公路轮廓时，宜在平曲线外侧设置线形诱导标。

**11.5.4** 示警桩可采用非金属材料或再生材料。示警墩可采用浆砌块石、片石，混凝土，也可就地取材。

**11.5.5** 在未设置指路标志和警告标志的公路沿线平面交叉路口两侧宜设置道口标柱。道口标柱宜采用非金属材料或再生材料。

## 11.6 其他交通安全设施

**11.6.1** 宜在视距不良的急弯等路段设置凸面镜。凸面镜宜和视线诱导配合使用，直径不宜小于60cm。

**11.6.2** 可根据需要设置限制高度、限制宽度设施，结构应满足消防等应急通行的需要，应配套设置交通标志及立面标记。

**11.6.3** 积雪影响公路行车安全的路段，可设置积雪标杆。

# 12 沿线设施及其他

## 12.1 一般规定

**12.1.1** 沿线设施包括服务设施和管理设施，应坚持统筹规划、总体设计、分步实施的原则。

**12.1.2** 沿线设施的设计应综合考虑安全、经济、环保等因素，便于服务，利于管理。

## 12.2 服务设施

**12.2.1** 可根据出行需求，结合自然环境、村镇分布等选择布置客运汽车停靠站、小型停车区、服务站等服务设施。

**12.2.2** 客运汽车停靠站、小型停车区、服务站等服务设施应避免设置于长下坡坡底、陡坡急弯等不良路段，主线线形指标应符合表12.2.2的规定。

**表12.2.2 客运汽车停靠站、小型停车区、服务站等主线线形指标**

| 设计速度（km/h） | | 15 |
|---|---|---|
| 平曲线半径（m） | | ≥150 |
| 凸形竖曲线最小半径（m） | | 1 000 |
| 凹形竖曲线最小半径（m） | | 1 000 |
| 最大纵坡（%） | 一般值 | 2 |
| | 最大值 | 3 |

注：小型停车区、服务站等在地形受限时，经技术经济论证，最大纵坡可增加1个百分点。

**12.2.3** 客运汽车停靠站宜设置车辆停靠和乘客候车设施。客运汽车停靠站各项指标应符合表12.2.3的规定。

**12.2.4** 小型停车区内可根据需要设置停车场、公共厕所等设施。

**12.2.5** 服务站内可根据需要选择设置停车场、休息区、加油站、公共厕所等。

**12.2.6** 小型停车区、服务站等设施的变速车道长度应符合表12.2.3的规定。

**表12.2.3 客运汽车停靠站设置指标**

| | |
|---|---|
| 设计速度（km/h） | 15 |
| 渐变率 | 1/3.75 |
| 加、减速区段长度（m） | 15 |
| 停留车道长度（m） | 15 |
| 停留车道宽度（m） | 3.5 |

注：1. 设置错车道的路段，可利用错车道设置客运汽车停靠站。
2. 停靠区与行车道之间用路面标线区分。

## 12.3 管理设施

**12.3.1** 根据公路管理需求可设置养护站点等设施，宜结合场地条件和业务范围与其他沿线设施统筹布置。

## 12.4 其他

**12.4.1** 四级公路（Ⅰ类）、四级公路（Ⅱ类）可根据需要进行绿化、美化，改善路域环境。绿化不得侵入公路建筑限界内，并应保证公路视距和交通安全。

**12.4.2** 村镇路段宜选择适当的隔离设施实现路宅分离。

**12.4.3** 根据实际需求，可在适当位置设置车辆掉头场地或掉头车道。

# 附录 A　路面典型结构

**A.0.1**　沥青混凝土路面可采用表 A.0.1 推荐的典型结构。

**表 A.0.1　沥青混凝土路面典型结构**

| 公路等级 | | 四级公路（Ⅰ类） | 四级公路（Ⅱ类） |
|---|---|---|---|
| 路面结构 | 面层 | 细粒式沥青混凝土（≥5cm） | 细粒式沥青混凝土（≥4cm） |
| | 基层 | 水泥稳定碎（砾）石（18～20cm）/石灰粉煤灰稳定碎（砾）石（18～20cm） | 水泥稳定碎（砾）石（16～20cm）/石灰粉煤灰稳定碎（砾）石（16～20cm） |
| | 底基层 | 石灰稳定细粒土（18～20cm）/石灰粉煤灰稳定细粒土（18～20cm）/级配碎石（16～20cm）/级配砂砾（16～20cm） | 石灰稳定细粒土（16～20cm）/石灰粉煤灰稳定细粒土（16～20cm）/级配碎石（16～20cm）/级配砂砾（16～20cm） |
| | 功能层 | 碎（砾）石功能层（≥10cm） | 碎（砾）石功能层（≥10cm） |
| | 路基 | 回弹模量≥40MPa | 回弹模量≥40MPa |

注：1. 根据需要可选择设置底基层或功能层。
　　2. 路基潮湿或受冰冻影响较大时，应设置功能层。

**A.0.2**　沥青贯入式表处路面可采用表 A.0.2 推荐的典型结构。

**表 A.0.2　沥青贯入式表处路面典型结构**

| 公路等级 | | 四级公路（Ⅰ类） | 四级公路（Ⅱ类） |
|---|---|---|---|
| 路面结构 | 面层 | 沥青表处（1～2cm） | 沥青表处（1cm） |
| | | 贯入式沥青碎石（≥4cm） | 贯入式沥青碎石（≥4cm） |
| | 基层 | 水泥稳定碎（砾）石（18～20cm）/石灰粉煤灰稳定碎（砾）石（18～20cm） | 水泥稳定碎（砾）石（16～20cm）/石灰粉煤灰稳定碎（砾）石（16～20cm） |
| | 底基层 | 石灰稳定细粒土（18～20cm）/石灰粉煤灰稳定细粒土（18～20cm）/级配碎石（16～20cm）/级配砂砾（16～20cm） | 石灰稳定细粒土（16～20cm）/石灰粉煤灰稳定细粒土（16～20cm）/级配碎石（16～20cm）/级配砂砾（16～20cm） |
| | 功能层 | 碎（砾）石功能层（≥10cm） | 碎（砾）石功能层（≥10cm） |
| | 路基 | 回弹模量≥40MPa | 回弹模量≥40MPa |

注：1. 根据需要可选择设置底基层或功能层。
　　2. 路基潮湿或受冰冻影响较大时，应设置功能层。

**A.0.3** 贯入式沥青碎石路面可采用表 A.0.3 推荐的典型结构。

**表 A.0.3 贯入式沥青碎石路面典型结构**

| 公路等级 | | 四级公路（Ⅰ类） | 四级公路（Ⅱ类） |
|---|---|---|---|
| 路面结构 | 面层 | 上拌下贯式沥青碎石（≥7cm） | 贯入式沥青碎石（≥5cm） |
| | 基层 | 水泥稳定碎（砾）石（18～20cm）/石灰粉煤灰稳定碎（砾）石（18～20cm） | 水泥稳定碎（砾）石（16～20cm）/石灰粉煤灰稳定碎（砾）石（16～20cm） |
| | 底基层 | 石灰稳定细粒土（18～20cm）/石灰粉煤灰稳定细粒土（18～20cm）/级配碎石（16～20cm）/级配砂砾（16～20cm） | 石灰稳定细粒土（16～20cm）/石灰粉煤灰稳定细粒土（16～20cm）/级配碎石（16～20cm）/级配砂砾（16～20cm） |
| | 功能层 | 碎（砾）石功能层（≥10cm） | 碎（砾）石功能层（≥10cm） |
| | 路基 | 回弹模量≥40MPa | 回弹模量≥40MPa |

注：1. 根据需要可选择设置底基层或功能层。
2. 路基潮湿或受冰冻影响较大时，应设置功能层。

**A.0.4** 水泥混凝土路面可采用表 A.0.4 推荐的典型结构。

**表 A.0.4 水泥混凝土路面典型结构**

| 公路等级 | | 四级公路（Ⅰ类） | 四级公路（Ⅱ类） |
|---|---|---|---|
| 路面结构 | 面层 | 水泥混凝土（18～22cm） | 水泥混凝土（18～20cm） |
| | 基层 | 水泥稳定碎（砾）石（18～20cm）/石灰粉煤灰稳定碎（砾）石（18～20cm） | 水泥稳定碎（砾）石（16～20cm）/石灰粉煤灰稳定碎（砾）石（16～20cm） |
| | 功能层 | 碎（砾）石功能层（≥10cm） | 碎（砾）石功能层（≥10cm） |
| | 路基 | 回弹模量≥40MPa | 回弹模量≥40MPa |

注：1. 根据需要可选择设置功能层。
2. 路基潮湿或受冰冻影响较大时，应设置功能层。

**A.0.5** 水泥混凝土预制块、砖块路面可采用表 A.0.5 推荐的典型结构。

**表 A.0.5 水泥混凝土预制块、砖块路面典型结构**

| 公路等级 | | 四级公路（Ⅰ类） | 四级公路（Ⅱ类） |
|---|---|---|---|
| 路面结构 | 面层 | 水泥混凝土预制块（12～20cm）/砖块（12～24cm） | 水泥混凝土预制块（12～20cm）/砖块（12～24cm） |
| | 基层 | 水泥稳定碎（砾）石（18～20cm）/石灰粉煤灰稳定碎（砾）石（18～20cm） | 水泥稳定碎（砾）石（16～20cm）/石灰粉煤灰稳定碎（砾）石（16～20cm） |
| | 底基层 | 石灰稳定细粒土（18～20cm）/石灰粉煤灰稳定细粒土（18～20cm） | 石灰稳定细粒土（16～18cm）/石灰粉煤灰稳定细粒土（16～18cm） |
| | 功能层 | 碎（砾）石功能层（≥10cm） | 碎（砾）石功能层（≥10cm） |
| | 路基 | 回弹模量≥30MPa | 回弹模量≥30MPa |

注：1. 根据需要可选择设置功能层。
2. 路基潮湿或受冰冻影响较大时，应设置功能层。
3. 水泥混凝土预制块、砖块路面可作为速度控制设施使用。

**A.0.6** 块石路面可采用表 A.0.6 推荐的典型结构。

**表 A.0.6 块石路面典型结构**

| 公路等级 | | 四级公路（Ⅰ类） | 四级公路（Ⅱ类） |
|---|---|---|---|
| 路面结构 | 面层 | 块石（15～20cm） | 块石（15～18cm） |
| | 基层 | 级配碎石（18～20cm）/级配砂砾（18～20cm）/砂石（18～20cm） | 级配碎石（10～15cm）/级配砂砾（10～15cm）/砂石（10～15cm） |
| | 底基层 | 石灰稳定细粒土（18～20cm）/石灰粉煤灰稳定细粒土（18～20cm） | 石灰稳定细粒土（16～20cm）/石灰粉煤灰稳定细粒土（16～20cm） |
| | 功能层 | 碎（砾）石功能层（≥10cm） | 碎（砾）石功能层（≥10cm） |
| | 路基 | 回弹模量≥30MPa | 回弹模量≥30MPa |

注：1. 根据需要可选择设置功能层。
2. 路基潮湿或受冰冻影响较大时，应设置功能层。

**A.0.7** 砂石路面可采用表 A.0.7 推荐的典型结构。

**表 A.0.7 砂石路面典型结构**

| 公路等级 | | 四级公路（Ⅰ类） | 四级公路（Ⅱ类） |
|---|---|---|---|
| 路面结构 | 面层 | 砂砾土（碎石土、粗砂）（≥2cm）/粒料改善土保护层（≥2cm） | 砂砾土（碎石土、粗砂）（1～2cm）/粒料改善土保护层（1～2cm） |
| | | 泥（灰）结碎石（15cm）/级配碎石（15～20cm）/级配砂砾（15～20cm） | 泥（灰）结碎石（12～15cm）/级配碎石（12～16cm）/级配砂砾（12～16cm） |
| | 基层 | 级配碎石（10～20cm）/级配砂砾（10～20cm）/手摆片（块）石（10～20cm） | 级配碎石（10～15cm）/级配砂砾（10～15cm）/手摆片（块）石（10～15cm） |
| | 路基 | 回弹模量≥30MPa | 回弹模量≥30MPa |

**A.0.8** 过水路面可采用表 A.0.8 推荐的典型结构。

**表 A.0.8 过水路面典型结构**

| 公 路 等 级 | | 四级公路（Ⅰ类）、四级公路（Ⅱ类） |
|---|---|---|
| 路面结构 | 面层 | 水泥混凝土（≥22cm） |
| | 基层 | 水泥稳定天然砂砾（18～20cm）/浆砌片石（30～40cm） |
| | 路基 | 碎砾石路基（片石防护、涵洞） |

# 附录 B　单车道隧道标准内轮廓

**B. 0. 1**　单车道隧道曲墙式衬砌标准内轮廓断面如图 B. 0. 1 所示。

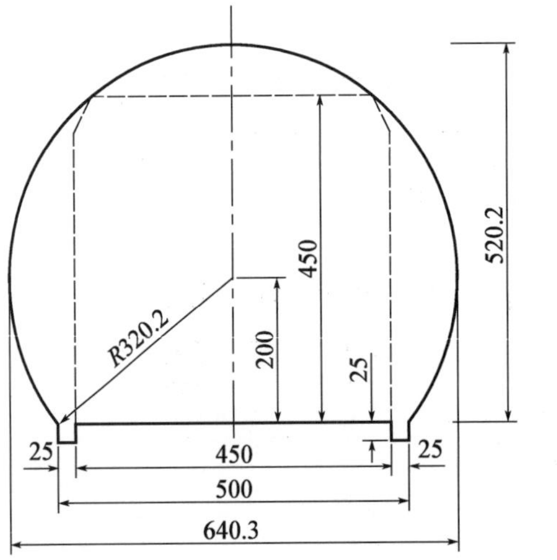


图 B. 0. 1　单车道隧道曲墙式衬砌标准内轮廓断面（尺寸单位：cm）

**B. 0. 2**　单车道隧道直墙式衬砌标准内轮廓断面如图 B. 0. 2 所示。

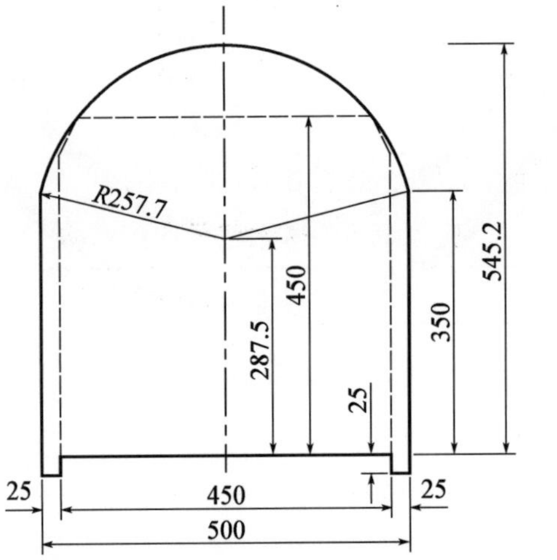


图 B. 0. 2　单车道隧道直墙式衬砌标准内轮廓断面（尺寸单位：cm）

# 本标准用词说明

本标准执行严格程度的用词，采用下列写法：

1）表示很严格，非这样做不可的用词，正面词采用“必须”，反面词采用“严禁”；

2）表示严格，在正常情况下均应这样做的用词，正面词采用“应”，反面词采用“不应”或“不得”；

3）表示允许稍有选择，在条件许可时首先应这样做的用词，正面词采用“宜”，反面词采用“不宜”；

4）表示有选择，在一定条件下可以这样做的用词，采用“可”。

附件

# 《小交通量农村公路工程技术标准》

（JTG 2111—2019）

## 条 文 说 明

# 1 总则

**1.0.1～1.0.2** 根据交通运输部令 2018 年第 4 号《农村公路建设管理办法》规定，农村公路是指纳入农村公路规划，并按照公路工程技术标准修建的县道、乡道、村道及其所属设施，包括经省级交通运输主管部门认定并纳入统计年报里程的农村公路。为适应小交通量农村公路建设，采用合理、适当的技术指标，保证工程质量，制定本标准。

**1.0.4** 农村公路建设应与乡村规划相结合，目的是改善农村交通运输和生产生活环境，提高公路综合服务水平，适应农村经济社会发展。

# 3　基本规定

## 3.1　公路等级类型选用

本节规定了小交通量农村公路技术等级类型的选用原则及有关内容。

**3.1.1**　年平均日设计交通量小于或等于1 000pcu/d的小交通量农村公路技术等级的选取，根据自然环境、经济条件、环保要求、交通特性等特点，并结合交通量论证确定。当小交通量农村公路项目交通组成中有大型、重载型车辆时，要选用现行《公路工程技术标准》（JTG B01）规定的技术等级，具体技术等级的选择按照现行《公路工程技术标准》（JTG B01）执行。当小交通量农村公路项目交通组成中无大型、重载型车辆，可选用现行《公路工程技术标准》（JTG B01）规定的技术等级，也可选用本标准规定的等级类型。在地形、地质等自然条件、经济条件允许时，鼓励选用现行《公路工程技术标准》（JTG B01）中的技术等级，条件受限时，选用本标准规定的等级类型。具体选取要符合相应技术标准的要求。

**3.1.2**　四级公路（Ⅰ类）、四级公路（Ⅱ类）划分的主要依据为服务车型、车道数以及年平均日设计交通量。

适用车型的选用：经过对全国典型地区、216条农村公路（其中约85%村道、15%乡道）、864小时的交通统计调研显示，调研农村公路占比最高的两种车型为小客车和摩托车。货车按照载质量分类统计，载质量>20t的大型载重汽车的比例基本为0，载质量>7t的大型载重汽车的比例小于2%，部分地区比例小于1%。按是否有大型载重汽车通行的公路条数统计，山区农村公路通行最大货车载质量≤7t的调研农村公路条数大于90%。客车按照载客人数分类统计，载客人数≤19座的客车的比例大于99%。按是否有大型客车通行的公路条数统计，通行最大客车载客人数≤19座的调研农村公路条数大于90%，部分地区比例为100%。此外，调研的农村公路上还存在一定比例的机动三轮车和拖拉机，其比例高于中型载重汽车的比例。

因此，基于服务对象小交通量农村公路的交通组成情况和实际需求，综合选取小客车、中型客车、中型载重汽车、轻型载重汽车、四轮低速货车（原四轮农用车）、三轮汽车和摩托车作为本标准的主要适用车型。

四级公路（Ⅰ类）的年平均日设计交通量按式（3-1）计算：

$$AADT = C_D \times R_D / K \tag{3-1}$$

式中：AADT——年平均日设计交通量（pcu/d）；

$C_D$——四级公路（Ⅰ类）的设计通行能力（pcu/h）；

$R_D$——四级公路（Ⅰ类）的方向分布修正系数；

$K$——设计小时交通量系数，根据当地交通量观测数据确定。

设计推荐采用的四级公路（Ⅰ类）年平均日设计交通量见表3-1。

**表3-1　四级公路（Ⅰ类）年平均日设计交通量**

| 公路等级 | 设计速度（km/h） | 设计通行能力（pcu/h） | 方向分布修正系数 | 设计小时交通量系数 | 年平均日设计交通量（pcu/d） |
|---|---|---|---|---|---|
| 四级公路（Ⅰ类） | 15 | <200 | 0.88～1.0 | 0.13～0.18 | ≤1 000 |

考虑到当前公路建设的政策和各等级公路年平均日设计交通量范围的连续性，四级公路（Ⅱ类）年平均日设计交通量为400pcu/d及以下。

## 3.2　设计车辆

**3.2.1**　设计车辆外廓尺寸、载质量和动力性能是确定公路几何参数的主要依据。

本标准中的小客车外廓尺寸与《公路工程技术标准》（JTG B01—2014）一致。中型客车为19座及以下客车，其外廓尺寸在调研主要车型外廓尺寸的基础上，结合《农村公路旅客运输班线通行条件审核规则》（交运发〔2014〕258号）确定。中型载重汽车、四轮低速货车、三轮汽车的外廓尺寸根据我国《汽车、挂车及汽车列车外廓尺寸、轴荷及质量限值》（GB 1589—2016）确定，中型载重汽车为总质量12t及以下货车；轻型载重汽车外廓尺寸参照《2017汽车驾照分类和准驾车型对照表》，并结合调研当前主要车型尺寸确定，轻型载重汽车为总质量4.5t及以下货车。摩托车的外廓尺寸参照1994年公安部发布的《摩托车安全基准》的规定，并结合骑行高度确定。

**3.2.2**　选择本标准等级类型修建的农村公路项目，有大型农用机械、消防车等特殊车辆通行需求时，在选择采取相关技术措施或管理措施后，经验算确定是否可以通行。

## 3.3　交通量

**3.3.2～3.3.3**　本标准车辆折算系数主要依据《公路工程技术标准》（JTG B01—2014）确定，《公路工程技术标准》（JTG B01—2014）的折算系数中无四轮低速货车、摩托车、三轮汽车的折算系数。考虑到农村公路的实际需求，增加该几种车型的折算系数。在小交通量农村公路上，小客车与四轮低速货车、摩托车、三轮汽车、拖拉机都会以一个较低的速度行驶，车辆性能导致的运行速度差异不再明显，因此，结合车辆外廓尺寸及小交通量、低速度下四轮低速货车、摩托车、三轮汽车、拖拉机对交通流的影响确定车辆折算系数。拖拉机的型号较多，且外廓尺寸范围较大，要求拖拉机根据外廓尺寸对应车型尺寸选定折算系数。

## 3.5 建筑限界

**3.5.1** 本标准中的公路建筑限界基本沿用《公路工程技术标准》（JTG B01—2014）中四级公路的规定。

## 3.6 防灾减灾

**3.6.1** 农村公路在抢险救灾中起着重要作用，本着预防为主、防治结合的原则，路线线位不宜设在泥石流、滑坡、崩塌、地面沉降、塌陷、地震断裂活动带等自然灾害易发区；当不能避开时，要提出工程及管理措施。加强预警预报、宣传培训等防治工作，制订突发事件的应急预案。

## 3.7 公路用地范围

**3.7.1** 结合《公路工程项目建设用地指标》（建标〔2011〕124 号），本标准中的公路用地范围沿用《公路工程技术标准》（JTG B01—2014）中的规定。

# 4 路线

**4.0.3** 错车道的间距根据地形条件、通视条件、交通量等因素确定。

根据四级公路（Ⅱ类）适应的车型情况，经过计算，确定错车道的有效长度和渐变段长度。计算结果见表4-1。

**表4-1 错车道尺寸计算表**

| 公路等级 | 车道宽度（m） | 计算渐变段长度（m） | 选取渐变段长度（m） | 计算有效段长度（m） | 选取有效段长度（m） |
|---|---|---|---|---|---|
| 四级公路（Ⅱ类） | 3.5 | 7.39 | 9 | 8.00 | 10 |

从调研情况看，部分省区错车道设置不够规范，尺寸差异较大。各省区普遍认可错车道每公里不宜少于3处，错车道路面宜宽6.0m。

本标准进行了现场试验，经现场测试和验证，错车道长度为10m时，能够满足中型载重汽车及以下车辆一车停靠、一车顺利通行的需要。

**4.0.5** 停车视距由两部分组成：①驾驶者在反应时间内行驶的距离；②制动距离。停车视距按式（4-1）计算：

$$S_{停} = \frac{v}{3.6}t + \frac{(v/3.6)^2}{2gf_1} \tag{4-1}$$

式中：$S_{停}$——停车视距（m）；

$v$——设计速度（km/h）；

$g$——重力加速度，$g=9.8\text{m/s}^2$；

$f_1$——纵向摩阻系数，取潮湿状态下的系数0.44；

$t$——驾驶者反应时间，取2.5s。

参照国内外的普遍做法，会车视距取停车视距的2倍，超车视距取停车视距的5倍。计算及选取结果见表4-2。

**表4-2 停车视距、会车视距与超车视距计算表**

| 项目 | 计算值 | 选取值 |
|---|---|---|
| 设计速度（km/h） | 15 | |
| 停车视距（m） | 12.4 | 15 |
| 会车视距（m） | 24.8 | 30 |
| 超车视距（m） | 62 | 75 |

设计速度20km/h以下时，经计算，下坡段货车停车视距与小汽车停车视距基本相

同，因此不再对下坡段货车停车视距做出规定。

四级公路（Ⅰ类）需要借用对向车道进行超车，超车路段应满足超车视距要求。但受地形限制，一般很难达到全路段满足超车视距要求，因此要划分允许超车路段和禁止超车路段，并间隔设置，通过标线和标志予以标识。

**4.0.6** 圆曲线最小半径按式（4-2）计算：

$$R = \frac{v^2}{127(\varphi + i_h)} \tag{4-2}$$

式中：$R$——圆曲线半径（m）；

$v$——设计速度（km/h）；

$\varphi$——横向摩阻系数；

$i_h$——超高值（%）。

计算极限最小半径时，$\varphi=0.17$。

计算一般最小半径时，$\varphi=0.05$，$i_h=0.04$。

计算不设超高的最小半径时，$\varphi=0.035$，$i_h=-0.015$（路拱≤2%）；$\varphi=0.040$，$i_h=-0.025$（路拱>2%）。

根据以上公式，计算结果见表4-3。

**表4-3　圆曲线最小半径计算表1**

| 项目 | | 计算值 | 选取值 |
|---|---|---|---|
| 设计速度（km/h） | | 15 | |
| 最大超高对应的极限最小半径（m） | 最大超高为6%时 | 7.70 | 15（12） |
| | 最大超高为4%时 | 8.44 | 15（12） |
| 一般最小半径（m） | | 19.69 | 20 |
| 不设超高最小半径（m） | 路拱≤2% | 88.58 | 90 |
| | 路拱>2% | 118.11 | 120 |

对于低速运行的车辆，按上述公式计算的最小半径偏小，最小半径还要满足车辆的实际转弯能力，计算公式见式（4-3）~式（4-8）。

$$W = R_0 - r_2 \tag{4-3}$$

$$R_0 = R + x \tag{4-4}$$

$$R = \sqrt{(L+d)^2 + (r+b)^2} \tag{4-5}$$

$$r_2 = r - y \tag{4-6}$$

$$r = \sqrt{r_1^2 + L^2} - \frac{b+m}{2} \tag{4-7}$$

$$r_1 = \frac{L}{\sin\theta} \tag{4-8}$$

圆曲线最小半径计算示意图见图4-1。

按上述公式计算及选定结果见表4-4。

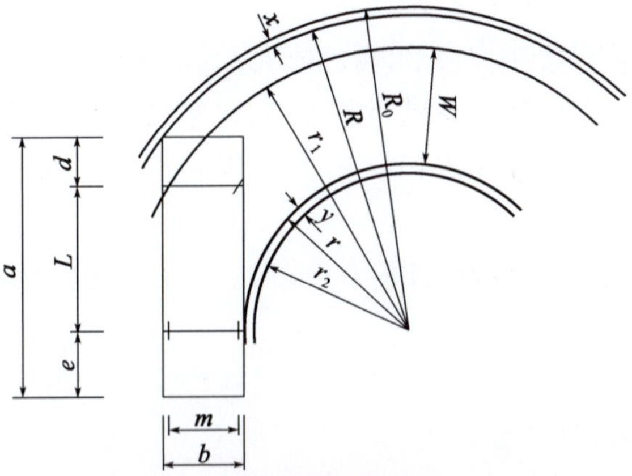


图 4-1 圆曲线最小半径计算示意图

**表 4-4 圆曲线最小半径计算表 2**

| 符号 | 项 目 | 小客车 | 中型客车 | 轻型载重汽车 | 中型载重汽车 | 四轮低速货车 |
|---|---|---|---|---|---|---|
| $a$ | 车长（m） | 6.00 | 7.00 | 6.00 | 8.00 | 6.00 |
| $b$ | 车宽（m） | 1.80 | 2.30 | 2.00 | 2.50 | 2.00 |
| $d$ | 前悬长度（m） | 0.80 | 1.20 | 1.10 | 1.50 | 1.15 |
| $e$ | 后悬长度（m） | 1.40 | 1.50 | 1.50 | 2.00 | 1.55 |
| $L$ | 轴距（m） | 3.80 | 4.30 | 3.40 | 4.50 | 3.30 |
| $m$ | 轮距（m） | 1.60 | 2.10 | 1.80 | 2.20 | 1.80 |
| $\theta$ | 转向角（°） | 31.00 | 31.00 | 31.00 | 31.00 | 31.00 |
| $L+d$（m） | | 4.60 | 5.50 | 4.50 | 6.00 | 4.45 |
| $x$ | 汽车最外点至环道外边距离（m） | 0.25 | 0.25 | 0.25 | 0.25 | 0.25 |
| $y$ | 汽车最内点至环道内边距离（m） | 0.25 | 0.25 | 0.25 | 0.25 | 0.25 |
| $r_1$ | 汽车外侧前轮最小转弯半径（m） | 7.38 | 8.35 | 6.60 | 8.74 | 6.41 |
| $r$ | 汽车环行内半径（m） | 4.62 | 4.96 | 3.76 | 5.14 | 3.59 |
| $b+r$（m） | | 6.42 | 7.26 | 5.76 | 7.64 | 5.59 |
| $R$ | 汽车环行外半径（m） | 7.90 | 9.11 | 7.31 | 9.71 | 7.15 |
| $r_2$ | 环道内半径（m） | 4.37 | 4.71 | 3.51 | 4.89 | 3.34 |
| $R_0$ | 环道外半径（m） | 8.15 | 9.36 | 7.56 | 9.96 | 7.40 |
| $W$ | 环道最小宽度（m） | 3.78 | 4.65 | 4.05 | 5.07 | 4.05 |
| 单车道最小通行半径选定（m） | | 10.00 | 12.00 | 10.00 | 12.00 | 10.00 |
| 双车道最小通行半径选定（m） | | — | 15 | — | 15 | — |

从现场调研统计来看，山区农村公路小半径圆曲线使用频繁，调研省区的农村公路圆曲线半径小于 10m 的曲线数量占总曲线数量的 8.0%。目前山区农村公路普遍存在最小圆曲线半径偏小的问题，对行车安全有较大影响。

现场测试验证表明，当车速为 15km/h 时，本标准规定的各种设计车型的测试车辆均能通过半径为 12m 的单车道圆曲线，小型测试车辆能通过半径为 10m 的单车道圆曲线。

根据以上两种计算结果，结合现场调研情况及测试结论，考虑一定安全因素，确定了最终的规定值，本条规定的极限最小半径值主要是受车辆转弯几何条件控制，而非速度因素。在地形、地质等条件受限路段，可采用极限最小半径。

**4.0.7** 四级公路（Ⅰ类）、四级公路（Ⅱ类）设计车速较低，为保证行车安全，圆曲线最大超高限定采用4%。

**4.0.8** 单个车道加宽值计算公式为：

$$b = \frac{A^2}{2R} + \frac{0.1v}{\sqrt[2]{R}} \tag{4-9}$$

式中：$b$——车道加宽值（m）；

$A$——汽车轴距加前悬（m），$A = 6.0$m；

$R$——圆曲线半径（m）；

$v$——设计速度（km/h）。

车道宽3.5m的四级公路（Ⅱ类）加宽值经计算并取整结果见表4-5。

**表4-5 曲线加宽计算表**

| 曲线半径（m） | 250 ~ ≥200 | <200 ~ ≥150 | <150 ~ ≥100 | <100 ~ ≥70 | <70 ~ ≥50 | <50 ~ ≥30 | <30 ~ ≥25 | <25 ~ ≥20 | <20 ~ ≥15 | <15 ~ ≥10 |
|---|---|---|---|---|---|---|---|---|---|---|
| 加宽计算值（m） | 0.20 | 0.24 | 0.33 | 0.44 | 0.57 | 0.87 | 1.02 | 1.24 | 1.59 | 2.27 |
| 加宽选取值（m） | 0.20 | 0.25 | 0.35 | 0.45 | 0.60 | 0.90 | 1.00 | 1.30 | 1.60 | 2.30 |

对于双车道的四级公路（Ⅰ类），采用四级公路（Ⅱ类）加宽值的2倍。

**4.0.9** 汽车稳定速度爬坡时坡度与汽车比功率关系可按下式计算：

$$g\sin\theta \cdot v + \frac{KAv^2}{21.15m} \cdot v + gf\cos\theta \cdot v = \eta \frac{p}{m} \tag{4-10}$$

$$i = \tan\theta \tag{4-11}$$

式中：$g$——重力加速度，$g = 9.8\text{m/s}^2$；

$\theta$——坡面角度（°）；

$K$——空气阻力系数，取0.9；

$A$——汽车迎风面积，$A = 2.5 \times 3.8$（$\text{m}^2$）；

$v$——稳定爬坡速度（m/s）；

$m$——汽车满载质量（t）；

$f$——滚动摩擦系数，取0.015；

$\eta$——机械效率，取0.85；

$\frac{p}{m}$——比功率（kW/t）；

$i$——坡度（%）。

交通运输行业标准《营运货车安全技术条件　第1部分：载货汽车》（JT/T 1178.1—2018）中第4.1条规定“载货汽车（电动车辆除外）的比功率应大于或等于6.0kW/t。”因此最大纵坡计算时，令$\frac{p}{m}=6.0$，计算各纵坡情况下稳定爬坡速度见表4-6。

**表4-6　稳定爬坡速度**

| 纵坡（%） | 稳定爬坡速度（km/h） | 纵坡（%） | 稳定爬坡速度（km/h） |
|---|---|---|---|
| 9 | 19.73 | 12.5 | 14.68 |
| 9.5 | 18.80 | 13 | 14.16 |
| 10 | 17.96 | 13.5 | 13.68 |
| 10.5 | 17.19 | 14 | 13.24 |
| 11 | 16.48 | 14.5 | 12.82 |
| 11.5 | 15.83 | 15 | 12.43 |
| 12 | 15.23 | | |

从表中可以看出，纵坡为12%时，汽车稳定爬坡速度达到15.23km/h；纵坡为15%时，汽车稳定爬坡速度达到12.43km/h。按货车实际最低运行速度可以比设计速度低5km/h考虑，设计速度为20km/h时的最大纵坡可以达到12%，设计速度为15km/h时的最大纵坡可以达到15%。

从调研统计来看，山区农村公路现状最大纵坡远大于《公路工程技术标准》（JTG B01—2014）的规定（10%）。就调研的省区来看，12%以下坡段占比约为90.34%，15%以下坡段占比约为95.60%。

加拿大乡村道路对纵坡的控制见表4-7。

**表4-7　加拿大乡村道路最大纵坡表**

| 设计速度（km/h） | 30 | | 40 | | 50 | |
|---|---|---|---|---|---|---|
| 地形 | 微丘区 | 山岭区 | 微丘区 | 山岭区 | 微丘区 | 山岭区 |
| 最大纵坡（%） | 11 | 16 | 11 | 15 | 11 | 14 |

从上表可以看出，作为设计速度15km/h的公路，纵坡还有进一步放大的空间，但考虑到国内车辆性能复杂，下坡连续制动能力较国外汽车普遍偏低，最大纵坡还要结合国内车辆现状来确定。

考虑到纵坡过大会对车辆下坡，尤其是连续下坡时的制动性能带来很大的安全问题，结合现场调研情况，现状农村公路绝大多数纵坡在12%以下，本标准规定四级公路（Ⅰ类）、四级公路（Ⅱ类）最大纵坡为12%。对于不通行中型载重汽车和中型客车的四级公路（Ⅱ类），经论证在保证安全的前提下，可增加2个百分点。

为保证安全，对回头曲线、村镇路段的最大纵坡同时进行了相应的规定。

**4.0.13** 从表4-6稳定爬坡速度计算结果来看，汽车上坡时可以不限制坡长，但下坡时如果不设置坡长限制和缓和坡段，将形成连续长大纵坡，对行车安全极其不利。从保证下坡行车安全考虑，本标准依然规定了各坡度下的最大坡长和缓和坡段的设置。各级坡度对应的最大坡长是根据《公路工程技术标准》（JTG B01—2014）规定的坡长对应延伸而来。对于缓和坡段的纵坡，一般不宜大于3%；对于特殊困难路段，经论证在保证行车安全的前提下，可以适当加大，但不应大于4%。

**4.0.14** 对于连续长大下坡，本条引用《公路工程技术标准》（JTG B01—2014）的规定，由原来的“不应”改为“不宜”，主要是考虑对于地形条件复杂地区，农村公路很难达到《公路工程技术标准》（JTG B01—2014）的要求。由于本标准适应的车辆不包含重型载货汽车，只有中型载货汽车及以下的车辆，下坡时对制动产生的磨损有所减少，而且运行速度较低，车辆出现状况时，便于及时采取措施。因此，本标准规定“不能满足上述要求时，应进行安全分析论证，并采取增设安全设施等措施”，如设置货车临时停车区、增设速度控制设施等。

**4.0.15** 竖曲线最小半径按式（4-12）计算：

$$R_{\min} = \frac{v^2}{3.6} \tag{4-12}$$

式中：$R_{\min}$——竖曲线最小半径（m）；

$v$——设计速度（km/h）。

竖曲线最小半径的计算及选取见表4-8。

**表4-8 竖曲线计算表**

| | |
|---|---|
| 设计速度（km/h） | 15 |
| 竖曲线最小半径计算值（m） | 63 |
| 竖曲线最小半径选取值（m） | 75 |
| 竖曲线最小长度（m） | 15 |

竖曲线最小半径在受地形等特殊情况约束时方可采用。为了安全和舒适，一般采用最小半径的1.5～2.0倍的数值。

# 5 路基

**5.0.1** 本条规定了路基设计原则。

4 根据调研，部分地区农村公路水毁严重，影响居民安全通行及正常的生产、生活。因此，经过特殊地质和水文条件路段需采取综合治理措施，以提高防灾、抗灾能力。

5 根据《防洪标准》（GB 50201—2014），将洪峰流量或洪量的重现期在 10～20 年一遇的洪水划分为较大洪水，乡村防洪区的最低防护等级为Ⅳ级，防洪标准（重现期）在 10～20 年。为提高农村公路的抗灾能力，确定 1/15 为农村公路路基设计洪水频率，对承担重要经济社会功能（如救灾通道、出入唯一通道等）的农村公路，结合实际情况适当提高设计洪水频率。

**5.0.2** 路肩具有非常重要的作用，保护行车道，有效防止行车道两侧雨水下渗导致路基路面损坏，有利于路基稳定，为安全设施提供设置空间。

**5.0.4** 本条规定了原地面处理要求和路基技术要求。

2 路基填料最小承载比 CBR 是表征材料的水稳性和抵抗局部压入变形能力、评价路基填料强度及稳定性的重要指标。为了保证公路工程质量，提高农村公路耐久性，对填料强度提出明确要求。

3 路基压实质量是公路工程施工质量管理最重要的内在指标之一，是施工控制指标。国内目前使用的压实标准并不算高，AASHTO（1993）除特殊土外，所推荐的路堤和路基结构的最小压实度均要求大于 95%，对部分土组甚至要求 100%，因此本标准仍采用《公路工程技术标准》（JTG B01—2014）四级路的规定。

**5.0.6** 根据调研，农村公路防护排水设施不完善情况较普遍，特别是山区公路、临河路段因边坡不稳定、挡墙不坚固，抵御自然灾害的能力较弱，水毁灾害发生时损失巨大。因此，对不稳定边坡及临河路基需进行有针对性的加固防护。

# 6 路面

**6.0.3** 7 砂石路面和块体路面结构对变形的适应性较强，即使路基产生不均匀沉降，路面材料不会破坏，仍可进行原地修复，因此做出了“宜采用砂石路面或块体路面”的规定。当设计采用沥青路面或水泥混凝土路面时，一般采用砂石路面作为过渡，待工后沉降稳定后，重新调整高程，修建新的路面结构。

8 采用块体类等抗滑性能较高的路面，水泥混凝土路面通过增加刻槽深度等措施能有效提高路面抗滑性能。

9 急弯、长大下坡、村镇路段及视距不佳的交叉口等位置前存在一定的安全隐患，需根据需求设置速度控制设施，设置块体路面是一种简单有效提示驾驶员主动降速的方式。

**6.0.4** 在我国沥青路面和水泥混凝土路面的设计中，累计当量作用轴次是重要设计依据，直接影响结构层厚度。但是，对于小交通量公路，累计当量作用轴次不再是影响路面结构厚度的主导因素，适合采用路面典型结构方式进行设计，不再需要进行结构厚度验算。

对于小交通量路面典型结构选取，当地材料、建设条件、使用效果及是否利于养护才是主导因素。因此，各地需总结形成适合自身特点的路面典型结构形式。当缺乏必要的资料时，参照本标准附录 A 推荐的典型结构进行选取，并进行验证，最终形成适宜的典型结构。

# 7 排水

**7.0.1** 1 根据调研，部分农村公路存在排水设施设置不足、设计不合理、养护不到位等问题。农村公路需特别重视排水设施的设计与实施，根据本标准第1.0.7条的规定，满足与主体工程同时设计、同时施工、同时投入使用的要求。

根据乡村特点，农村公路排水要充分考虑和农田水利排灌系统相结合，就近排入天然和人工水系。

2~3 根据调研结果，农村公路村镇路段排水不畅等问题较为突出，严重影响村民出行和路面耐久性，过村镇路段在排水设施设置时应充分考虑现实需求，加强和村镇现有排水管网的衔接，同时在排水设施尺寸设计计算时，要充分考虑便于清理和维护的需求，适当加大尺寸。

**7.0.2** 2 地形平坦、纵坡平缓的低填浅挖路段，用浅碟式边沟、暗埋式边沟等形式，可以与原地面自然衔接，提高公路的容错性。草场、牧区等在边沟设计时需考虑牛羊摔伤问题，尽量避免采用矩形边沟等深边沟形式。

3 农村公路村镇路段边沟考虑村民出行和路域环境需求，在形式选取上优先选择盖板边沟或暗埋式边沟。

4 公路的边沟硬化一般多采用浆砌、现浇或预制块等方式，农村公路考虑经济性，要特别注重当地材料的利用。

对于浅、宽形式的土质边沟，有条件情况下要尽量考虑边沟加固，防治水、泥上路，因地制宜选择手摆石、砂砾、石渣、卵石、碎砖等当地材料。

# 8 桥涵

**8.0.2** 四级公路（Ⅰ类）、四级公路（Ⅱ类）桥涵工程规模小，桥涵工程比例一般很低，汽车荷载对公路总造价的影响相对较小。实际应用中，桥涵设计往往直接套用公路—Ⅱ级的标准图或通用图。采用公路—Ⅱ级荷载设计，便于桥梁设计和施工，也有利于后期农村公路升级改造，避免工程浪费，节约工程投资。

**8.0.4** 引用《公路工程技术标准》（JTG B01—2014）第6.0.2、6.0.4条的相关规定，四级公路（Ⅰ类）、四级公路（Ⅱ类）涵长均较短，考虑灌溉需要，增加了0.5m的标准跨径。

**8.0.6** 大、中、小桥设计洪水频率按照《公路工程技术标准》（JTG B01—2014）第6.0.5条规定的四级公路标准执行。补充涵洞及小型排水构造物设计洪水频率规定。

**8.0.7** 中、小桥和涵洞一般与路基同宽。考虑到桥梁是永久建筑，对不设置人行道的四级公路（Ⅱ类），为便于行人避让车辆，桥面净宽做出了“不应小于4.5m”的规定，有条件地区根据情况选择修建双车道桥梁。

**8.0.9** 桥上纵坡的规定主要从桥梁结构受力和构造方面考虑，而引道上纵坡则主要考虑行车方面的要求。调研发现，农村公路建设中对桥梁建设较为重视，桥上纵坡基本能满足现行标准及规范要求，但山区农村公路桥头引道纵坡较难保证，一定范围内存在超出标准要求情况。本次标准制定时，考虑现状及使用情况，桥头引道纵坡提高为6%，该指标调整不控制桥梁结构设计。

**8.0.10** 漫水桥和过水路面虽易阻断交通，但是有造价低和易修复的优点，在容许有限度中断交通时，可以修建漫水桥或过水路面。

**8.0.12** 圆管涵、波纹管涵适用于有足够填土高度的小跨径暗涵；盖板涵适用于过水面积要求较大的低路堤明涵或一般路堤暗涵；拱涵适用于跨越深沟或高路堤。为防止涵洞孔径过小发生堵塞，且便于养护，做出“跨径不宜小于0.75m”的规定。

# 9 隧道

**9.0.1** 3 隧道选址在对该区域的自然地理、场地与生态环境、气象、地震等进行充分调查基础上，开展地形测量，以及工程地质、水文地质勘察，以取得隧道围岩分级等基础资料。隧道综合工程造价、行驶条件、占地及环保等因素，进行技术经济比选，合理选择隧址。

5 根据2017年公路统计年报数据，全国净宽5m及以下的单车道隧道数量较大，其中调研的南方某发达省份就达150座。当采用四级公路（Ⅱ类）标准且地形条件适合修建隧道时，采用道路展线方式既不合理，又不符合绿色、环保的建设理念，而修建双车道隧道造价增加较大。因此，本标准提出单车道隧道建设标准。《公路工程技术标准》（JTG B01—2014）规定，单车道四级公路的隧道应按双车道四级公路标准修建，故本标准仍规定，四级公路（Ⅱ类）隧道宜设计为双车道，受经济条件限制且隧道较短时可设计为单车道。根据单车道隧道现场调研情况，长度小于500m的直线隧道，位于隧道口的车辆可以观察到从另一隧道口进入隧道的车辆，以及在隧道中对向行驶的车辆，选择在隧道口进行错车，而不必在洞内设置错车道。根据五省区公路统计年报数据分析，单车道隧道长度500m及以下占比为91.52%。综合统计数据分析、现场调研成果，本标准规定单车道隧道长度不应大于500m。

7 结合四级公路（Ⅱ类）主要设计车型的车辆尺寸，本标准规定单车道隧道洞口两端错车道有效长度不宜小于15m。

8 单车道隧道设计时需调查分析行人通行需求，以决定是否设置人行道。

10 小交通量农村公路交通量小、工程造价较低、运营维护投入较少。结合五省区农村公路现场调研成果，本标准规定，经济条件许可时隧道可设置照明。照明采用声控LED灯等较为经济的照明方式。供电方式结合项目所在地气候条件等采用外接电源或太阳能板供电。

**9.0.3** 1 单车道隧道为了保证两隧道口之间的通视条件，并利于照明及通风，平面线形一般采用直线。

2 综合《公路工程技术标准》（JTG B01—2014）第8.0.4条第4、5款内容，结合车型及设计速度，本标准规定隧道最大纵坡不宜大于3%，困难路段不宜大于4%。

**9.0.4** 1 根据隧道进出口地形及地质条件，合理选择洞门形式。一般采用端墙式、台阶式或削竹式，地形地质条件复杂时选择翼墙式、柱式或喇叭式。

3　根据 2017 年公路统计年报数据，各省农村公路单车道隧道均有全部或局部不衬砌的隧道。

《公路隧道设计规范》（JTG D70—2004）规定了围岩分级及支护要求：Ⅰ级围岩跨度 20m，可长期稳定，偶有掉块，无塌方；Ⅱ级围岩跨度 10m，可长期稳定，偶有掉块。根据使用经验，结合现场调研成果，本标准规定，Ⅰ、Ⅱ级围岩单车道隧道，围岩自承能力可以保证隧道安全，洞身段可不进行衬砌。为防止围岩风化产生落石，不衬砌段落应喷射水泥砂浆作为保护层，必要时辅以局部锚杆支护。由于隧道进出口段工程地质条件一般较洞身段差，隧道洞门应与隧道洞口段 10m 衬砌同时完成。

# 10 路线交叉

**10.0.1** 3 四级公路（Ⅰ类）、四级公路（Ⅱ类）与公路交叉，当交叉口附近有其他机耕道等农村道路与相交公路的平交口时，为减少相交公路上交叉口的数量，四级公路（Ⅰ类）、四级公路（Ⅱ类）与其他机耕道等农村道路有归并条件时，可先进行归并，再行与公路交叉。

**10.0.10** 四级公路（Ⅰ类）、四级公路（Ⅱ类）设计车辆中最长车辆为中型载重汽车。根据本标准条文说明第4.0.6条计算，其最小转弯内半径为5.14m。因此，本标准规定，加铺转角时半径不应小于5m。

**10.0.11** 四级公路（Ⅰ类）、四级公路（Ⅱ类）与一级～四级公路相交采用立体交叉时，交叉方式可采用分离式立交，两者之间不能进行交通转换；也可采用简易互通式立交，两者之间能够进行交通转换。需根据地形条件、被交道上交叉口设置情况等合理选择交叉方式。当地形条件容许时，优先选择简易互通式立交。简易互通式立交即在被交道一侧或两侧设置连接匝道，将农村公路与被交道相连接。当被交道上可以设置平交口时，只需设置一条连接匝道，连接匝道与农村公路及被交道相接时，均设置平交口；当被交道上不宜设置平交口时，需在被交道两侧各设置一条连接匝道，连接匝道与农村公路相接时设置平交口，与被交道相接时采用右进右出的出、入口。

# 11 交通安全设施

## 11.1 一般规定

**11.1.2** 根据公路的功能、交通量、交通组成、运营条件等因素，结合四级公路（Ⅰ类）、四级公路（Ⅱ类）自然条件、服务对象的特点，有针对性地进行交通安全设施设计。优先设置主动引导设施，降低交通事故的发生概率；根据需要设置合适的被动防护设施，降低事故严重程度。

**11.1.4** 在村镇路段、学校路段、长下坡前、连续弯道前后等路段，根据需要设置速度控制设施，提示驾驶员按照安全的速度通过。

## 11.2 交通标志

**11.2.1** 2 四级公路（Ⅰ类）、四级公路（Ⅱ类）大多属于公路网的末端，多以较熟悉道路特征的本地驾驶员为服务对象，因此要综合考虑交通量、交通组成、设计速度、气象和环境因素，根据公路在路网中的功能和驾驶员的行为特征设置必要的交通标志，合理控制设置规模。

3 本标准规定的平曲线一般最小半径值与《公路工程技术标准》（JTG B01—2014）四级路一致，因此急弯路标志设置按《道路交通标志和标线》（GB 5768—2009）执行，即平曲线半径小于20m时按需设置。本标准规定一般路段的最大纵坡值较《公路工程技术标准》（JTG B01—2014）中设计速度20km/h的四级路增大了3%，参照《道路交通标志和标线》（GB 5768—2009）对陡坡标志的要求，当一般路段纵坡坡度大于10%时，根据现场条件设置陡坡标志。

**11.2.2** 1 综合考虑四级公路（Ⅰ类）、四级公路（Ⅱ类）特点和工程造价，标志结构主要采用单柱式，设置时需要注意不要被树木等固定物遮挡。柱式标志设置在挖方段或边坡斜率缓于1:1的边坡上，如行车方向右侧无法设置，在不影响标志视认性时可在行车方向左侧合适位置设置。

**11.2.3** 1 《道路交通标志和标线》（GB 5768—2009）中对于设计速度小于40km/h的公路标志汉字高度要求为25～30cm。考虑到四级公路（Ⅰ类）、四级公路（Ⅱ类）

的设计速度为15km/h，综合考虑视认性和经济性，字高采用25cm。

## 11.3 交通标线

**11.3.1** 标线可以向公路使用者传递有关公路交通的规则、警告、指引等信息，是重要的交通控制措施，合理设置标线可以保障公路交通的安全。

**11.3.2～11.3.6** 标线相对其他安全设施具备以下优点：一是标线一般在驾驶员的自然视线内，利用标线传递公路交通信息不会过多地分散驾驶员的注意力；二是利用标线可以沿公路行驶方向不间断地提供公路交通信息，而且成本较低；三是标线可以在不增加行车障碍的条件下清晰地提示驾驶员何处应该采取控制动作或者何处开始实施交通控制措施。但也有一定的缺点，如磨损需要定期养护，积水或积雪时作用受很大影响，不反光的标线材料在夜间或视距不良条件下难以发挥作用等。尽管标线有其运用上的局限性，但是其在交通控制方面的重要性是无法替代的。调研中发现，标线对规范驾驶员驾驶行为、夜间的提示和诱导都起到了不可替代的作用，设置了标线的农村公路，其安全性尤其是夜间安全性得到一定的提升。在需要提示驾驶员注意路线变化以及路侧较危险的路段，适当增加车道边缘线的宽度效果更好。

## 11.4 护栏

**11.4.1～11.4.5** 护栏也是障碍物的一种，只有设置护栏后较驶出路外车辆的事故后果更轻，才考虑设置护栏。设置护栏需要投入工程经费，对于小交通量，同时车速不高的农村公路，设置护栏可能是不经济的。

澳大利亚的路侧设计手册明确：在交通量低、速度受道路线形影响（如山区），并且在道路净区内连续存在潜在安全隐患的路段，如果按手册要求需要连续设置价格高昂的护栏，对于现实来说是不合理的。

挪威的路侧设计手册规定：①限速≤60km/h及AADT≤12 000pcu/d；②限速≥70km/h及AADT≤1 500pcu/d，护栏等级选用N1（碰撞能量为43.3kJ）。

美国的《路侧设计指南》（2011版）建议，平均小时交通量小于或等于400pcu/h时，对于1∶1.5边坡，填土高度高于15m时才考虑是否设置护栏。

对于四级公路（Ⅰ类）、四级公路（Ⅱ类），宜具体分析经济性确定设置护栏或设置诱导和警示的措施。如采取护栏，也需要合理选取设置防护设施的路段及防撞设施的防护形式和防护等级，并考虑养护成本，综合考虑道路条件、建设成本、养护成本等条件，合理选用波形梁护栏、混凝土护栏、缆索护栏和其他满足《公路护栏安全性能评价标准》（JTG B05-01—2013）要求的护栏形式。

对于四级公路（Ⅰ类）、四级公路（Ⅱ类），《公路护栏安全性能评价标准》（JTG B05-01—2013）增加的一（C）级是比较经济适用的。车辆驶出路外除了造成车辆损失、人员伤亡外，还对其他交通、生产活动产生严重危害时才考虑采用二（B）级。

对于路侧存在一定危险因素的，如浅沟、过水、视线不良等路段，达不到 11.4.2 ~ 11.4.4 条的护栏设置要求时，护栏不是必需的，通过设置视线诱导设施中的示警桩或示警墩能有效提升安全性。调研中也有一些省份在这类情况的路侧通过植树、堆土或者设置砌块起到诱导、警示的作用，这些做法一般要通过经验验证，并设置在距离行车道 3m 以外的位置。

**11.4.6** 路侧护栏要设置在建筑限界以外，四级公路（Ⅰ类）、四级公路（Ⅱ类）的侧向宽度为路肩宽度减去 0.25m。四级公路（Ⅰ类）路肩宽度采用最小值 0.25m 时，路肩都在建筑限界内，无路肩可供设置护栏时，加宽路基至满足护栏设置需求或将护栏设置于缓边坡上。四级公路（Ⅱ类）路肩宽度采用最小值 0.5m 时，有 0.25m 的路肩在建筑限界外，如该宽度不能满足护栏设置需求，需加宽路基至满足护栏设置需求或将护栏设置于缓边坡上。

**11.4.7** 不同等级和形式护栏过渡段以及护栏端头部位的事故率较高，需要进行处理。由于农村公路路基较窄且有单车道的情况，护栏的两侧端头都可能处于迎交通流方向，均需进行处理。处理的方式一般有地锚、外展、外展地锚等。

## 11.5 视线诱导设施

**11.5.1** 公路视线诱导设施属于主动引导设施，对公路沿线的路线走向、构造物、平面交叉的分布等进行主动告知，尤其通过粘贴或喷涂逆反射材料，在夜间对驾驶员进行引导，是效益投资比较高的设施。各类视线诱导设施在设置时，要注意相互协调，避免相互影响，在条件允许时，可以适当增加设置。

**11.5.3** 设置了线形诱导标的路段不再设置线形警告标志。

**11.5.4** 示警墩除采用浆砌块石、片石和混凝土外，还有钢丝笼、沥青桶、废旧轮胎组合等多种简易做法。

# 12 沿线设施及其他

## 12.1 一般规定

**12.1.1** 沿线设施包括服务设施和管理设施，需结合四好农村路、新农村、乡村旅游、农村客运和物流等建设要求统筹归并设置，做好总体规划，并根据实际需求逐步完善各项设施。

## 12.2 服务设施

**12.2.1～12.2.6** 服务设施是农村交通运输体系的重要组成部分，是体现农村交通文化的窗口。完善的服务设施有助于提升农村公路品质，为农民群众出行提供更加人性化、现代化、便捷化的服务。

## 12.4 其他

**12.4.1** 尽量保持与自然环境和谐，根据需要进行一定的绿化、美化，以实现整洁、美观、舒适的行车环境和路域环境。

**12.4.2** 经过乡镇、村庄时，为营造安全、畅洁、绿美的通行环境，在公路与房屋住宅间鼓励采用绿篱、栽花、植草等隔离设施实现路宅分离。

# 公路工程现行标准规范一览表

（2019年3月）

| 序号 | 类别 | | 编　号 | 书名(书号) | 定价(元) |
|---|---|---|---|---|---|
| 1 | 基础 | | JTG 1001—2017 | 公路工程标准体系(14300) | 20.00 |
| 2 | | | JTG A02—2013 | 公路工程行业标准制修订管理导则(10544) | 15.00 |
| 3 | | | JTG A04—2013 | 公路工程标准编写导则(10538) | 20.00 |
| 4 | | | JTJ 002—87 | 公路工程名词术语(0346) | 22.00 |
| 5 | | | JTG B01—2014 | ★公路工程技术标准(活页夹版,11814) | 98.00 |
| 6 | | | JTG B01—2014 | ★公路工程技术标准(平装版,11829) | 68.00 |
| 7 | | | JTG 2111—2019 | 小交通量农村公路工程技术标准(15372) | 50.00 |
| 8 | | | JTG B02—2013 | 公路工程抗震规范(11120) | 45.00 |
| 9 | | | JTG/T B02-01—2008 | 公路桥梁抗震设计细则(13318) | 45.00 |
| 10 | | | JTG B03—2006 | 公路建设项目环境影响评价规范(13373) | 40.00 |
| 11 | | | JTG B04—2010 | 公路环境保护设计规范(08473) | 28.00 |
| 12 | | | JTG B05—2015 | ★公路项目安全性评价规范(12806) | 45.00 |
| 13 | | | JTG B05-01—2013 | 公路护栏安全性能评价标准(10992) | 30.00 |
| 14 | | | JTG/T B07-01—2006 | 公路工程混凝土结构防腐蚀技术规范(13592) | 30.00 |
| 15 | | | JTG/T 6303.1—2017 | 收费公路移动支付技术规范　第一册　停车移动支付(14380) | 20.00 |
| 16 | | | JTG B10-01—2014 | 公路电子不停车收费联网运营和服务规范(11566) | 30.00 |
| 17 | | | 交通运输部2011年 | 公路工程项目建设用地指标(09402) | 36.00 |
| 18 | 勘测 | | JTG C10—2007 | ★公路勘测规范(06570) | 40.00 |
| 19 | | | JTG/T C10—2007 | ★公路勘测细则(06572) | 42.00 |
| 20 | | | JTG C20—2011 | 公路工程地质勘察规范(09507) | 65.00 |
| 21 | | | JTG/T C21-01—2005 | 公路工程地质遥感勘察规范(0839) | 17.00 |
| 22 | | | JTG/T C21-02—2014 | 公路工程卫星图像测绘技术规程(11540) | 25.00 |
| 23 | | | JTG/T C22—2009 | 公路工程物探规程(1311) | 28.00 |
| 24 | | | JTG C30—2015 | ★公路工程水文勘测设计规范(12063) | 70.00 |
| 25 | 设计 | 公路 | JTG D20—2017 | ★公路路线设计规范(14301) | 80.00 |
| 26 | | | JTG/T D21—2014 | 公路立体交叉设计细则(11761) | 60.00 |
| 27 | | | JTG D30—2015 | ★公路路基设计规范(12147) | 98.00 |
| 28 | | | JTG/T D31—2008 | 沙漠地区公路设计与施工指南(1206) | 32.00 |
| 29 | | | JTG/T D31-02—2013 | ★公路软土地基路堤设计与施工技术细则(10449) | 40.00 |
| 30 | | | JTG/T D31-03—2011 | ★采空区公路设计与施工技术细则(09181) | 40.00 |
| 31 | | | JTG/T D31-04—2012 | 多年冻土地区公路设计与施工技术细则(10260) | 40.00 |
| 32 | | | JTG/T D31-05—2017 | 黄土地区公路路基设计与施工技术规范(13994) | 50.00 |
| 33 | | | JTG/T D31-06—2017 | 季节性冻土地区公路设计与施工技术规范(13981) | 45.00 |
| 34 | | | JTG/T D32—2012 | ★公路土工合成材料应用技术规范(09908) | 50.00 |
| 35 | | | JTG/T 3334—2018 | 公路滑坡防治设计规范(15178) | 55.00 |
| 36 | | | JTG D40—2011 | ★公路水泥混凝土路面设计规范(09463) | 40.00 |
| 37 | | | JTG D50—2017 | ★公路沥青路面设计规范(13760) | 50.00 |
| 38 | | | JTG/T D33—2012 | 公路排水设计规范(10337) | 40.00 |
| 39 | | 桥隧 | JTG D60—2015 | ★公路桥涵设计通用规范(12506) | 40.00 |
| 40 | | | JTG/T 3360-01—2018 | 公路桥梁抗风设计规范(15231) | 75.00 |
| 41 | | | JTG/T 3360-03—2018 | 公路桥梁景观设计规范(14540) | 40.00 |
| 42 | | | JTG D61—2005 | 公路圬工桥涵设计规范(13355) | 30.00 |
| 43 | | | JTG 3362—2018 | ★公路钢筋混凝土及预应力混凝土桥涵设计规范(14951) | 90.00 |
| 44 | | | JTG D63—2007 | 公路桥涵地基与基础设计规范(06892) | 48.00 |
| 45 | | | JTG D64—2015 | ★公路钢结构桥梁设计规范(12507) | 80.00 |
| 46 | | | JTG D64-01—2015 | 公路钢混组合桥梁设计与施工规范(12682) | 45.00 |
| 47 | | | JTG/T D65-01—2007 | 公路斜拉桥设计细则(1125) | 28.00 |
| 48 | | | JTG/T D65-04—2007 | 公路涵洞设计细则(06628) | 26.00 |
| 49 | | | JTG/T D65-05—2015 | 公路悬索桥设计规范(12674) | 55.00 |
| 50 | | | JTG/T D65-06—2015 | 公路钢管混凝土拱桥设计规范(12514) | 40.00 |
| 51 | | | JTG 3370.1—2018 | 公路隧道设计规范　第一册　土建工程(14639) | 110.00 |
| 52 | | | JTG/T D70—2010 | ★公路隧道设计细则(08478) | 66.00 |
| 53 | | | JTG D70/2—2014 | 公路隧道设计规范　第二册　交通工程与附属设施(11543) | 50.00 |
| 54 | | | JTG/T D70/2-01—2014 | 公路隧道照明设计细则(11541) | 35.00 |
| 55 | | | JTG/T D70/2-02—2014 | 公路隧道通风设计细则(11546) | 70.00 |
| 56 | | 交通工程 | JTG D80—2006 | 高速公路交通工程及沿线设施设计通用规范(0998) | 25.00 |
| 57 | | | JTG D81—2017 | 公路交通安全设施设计规范(14395) | 60.00 |

续上表

| 序号 | 类别 | | 编　　号 | 书名（书号） | 定价（元） |
|---|---|---|---|---|---|
| 58 | 设计 | 交通工程 | JTG/T D81—2017 | 公路交通安全设施设计细则（14396） | 90.00 |
| 59 | | | JTG D82—2009 | 公路交通标志和标线设置规范（07947） | 116.00 |
| 60 | | 综合 | 交办公路〔2017〕167 号 | 国家公路网交通标志调整工作技术指南（14379） | 80.00 |
| 61 | | | 交公路发〔2007〕358 号 | 公路工程基本建设项目设计文件编制办法（06746） | 26.00 |
| 62 | | | 交公路发〔2015〕69 号 | 公路工程特殊结构桥梁项目设计文件编制办法（12455） | 30.00 |
| 63 | 检测 | | JTG E20—2011 | 公路工程沥青及沥青混合料试验规程（09468） | 106.00 |
| 64 | | | JTG E30—2005 | 公路工程水泥及水泥混凝土试验规程（13319） | 55.00 |
| 65 | | | JTG E40—2007 | ★公路土工试验规程（06794） | 90.00 |
| 66 | | | JTG E41—2005 | 公路工程岩石试验规程（13351） | 30.00 |
| 67 | | | JTG E42—2005 | 公路工程集料试验规程（13353） | 50.00 |
| 68 | | | JTG E50—2006 | ★公路工程土工合成材料试验规程（13398） | 40.00 |
| 69 | | | JTG E51—2009 | 公路工程无机结合料稳定材料试验规程（08046） | 60.00 |
| 70 | | | JTG E60—2008 | 公路路基路面现场测试规程（07296） | 50.00 |
| 71 | | | JTG/T E61—2014 | 公路路面技术状况自动化检测规程（11830） | 25.00 |
| 72 | 施工 | 公路 | JTG F10—2006 | 公路路基施工技术规范（06221） | 50.00 |
| 73 | | | JTG/T F20—2015 | ★公路路面基层施工技术细则（12367） | 45.00 |
| 74 | | | JTG/T F30—2014 | 公路水泥混凝土路面施工技术细则（11244） | 60.00 |
| 75 | | | JTG/T F31—2014 | 公路水泥混凝土路面再生利用技术细则（11360） | 30.00 |
| 76 | | | JTG F40—2004 | ★公路沥青路面施工技术规范（05328） | 50.00 |
| 77 | | | JTG F41—2008 | 公路沥青路面再生技术规范（07105） | 40.00 |
| 78 | | 桥隧 | JTG/T F50—2011 | ★公路桥涵施工技术规范（09224） | 110.00 |
| 79 | | | JTG/T F81-01—2004 | 公路工程基桩动测技术规程（14068） | 30.00 |
| 80 | | | JTG F60—2009 | 公路隧道施工技术规范（07992） | 55.00 |
| 81 | | | JTG/T F60—2009 | 公路隧道施工技术细则（07991） | 70.00 |
| 82 | | 交通 | JTG F71—2006 | ★公路交通安全设施施工技术规范（13397） | 30.00 |
| 83 | | | JTG/T F72—2011 | 公路隧道交通工程与附属设施施工技术规范（09509） | 35.00 |
| 84 | 质检安全 | | JTG F80/1—2017 | 公路工程质量检验评定标准　第一册　土建工程（14472） | 90.00 |
| 85 | | | JTG F80/2—2004 | 公路工程质量检验评定标准　第二册　机电工程（05325） | 40.00 |
| 86 | | | JTG G10—2016 | 公路工程施工监理规范（13275） | 40.00 |
| 87 | | | JTG F90—2015 | ★公路工程施工安全技术规范（12138） | 68.00 |
| 88 | 养护管理 | | JTG H10—2009 | 公路养护技术规范（08071） | 60.00 |
| 89 | | | JTJ 073.1—2001 | 公路水泥混凝土路面养护技术规范（13658） | 20.00 |
| 90 | | | JTJ 073.2—2001 | 公路沥青路面养护技术规范（13677） | 20.00 |
| 91 | | | JTG H11—2004 | 公路桥涵养护规范（05025） | 40.00 |
| 92 | | | JTG H12—2015 | 公路隧道养护技术规范（12062） | 60.00 |
| 93 | | | JTG 5210—2018 | 公路技术状况评定标准（15202） | 40.00 |
| 94 | | | JTG 5421—2018 | 公路沥青路面养护设计规范（15201） | 40.00 |
| 95 | | | JTG/T H21—2011 | ★公路桥梁技术状况评定标准（09324） | 46.00 |
| 96 | | | JTG H30—2015 | 公路养护安全作业规程（12234） | 90.00 |
| 97 | 加固设计与施工 | | JTG/T J21—2011 | 公路桥梁承载能力检测评定规程（09480） | 20.00 |
| 98 | | | JTG/T J21-01—2015 | 公路桥梁荷载试验规程（12751） | 40.00 |
| 99 | | | JTG/T J22—2008 | 公路桥梁加固设计规范（07380） | 52.00 |
| 100 | | | JTG/T J23—2008 | 公路桥梁加固施工技术规范（07378） | 40.00 |
| 101 | | | JTG/T 5440—2018 | 公路隧道加固技术规范（15402） | 70.00 |
| 102 | 改扩建 | | JTG/T L11—2014 | 高速公路改扩建设计细则（11998） | 45.00 |
| 103 | | | JTG/T L80—2014 | 高速公路改扩建交通工程及沿线设施设计细则（11999） | 30.00 |
| 104 | 造价 | | JTG 3810—2017 | 公路工程建设项目造价文件管理导则（14473） | 50.00 |
| 105 | | | JTG 3820—2018 | 公路工程建设项目投资估算编制办法（14362） | 60.00 |
| 106 | | | JTG/T 3821—2018 | 公路工程估算指标（14363） | 120.00 |
| 107 | | | JTG 3830—2018 | 公路工程建设项目概算预算编制办法（14364） | 60.00 |
| 108 | | | JTG/T 3831—2018 | 公路工程概算定额（14365） | 270.00 |
| 109 | | | JTG/T 3832—2018 | 公路工程预算定额（14366） | 300.00 |
| 110 | | | JTG/T 3833—2018 | 公路工程机械台班费用定额（14367） | 50.00 |
| 111 | | | JTG/T M72-01—2017 | 公路隧道养护工程预算定额（14189） | 60.00 |
| 1 | 指南 | | 交公便字〔2009〕145 号 | 公路交通标志和标线设置手册（07990） | 165.00 |

注：JTG——公路工程行业标准体系；JTG/T——公路工程行业推荐性标准体系；JTJ——仍在执行的公路工程原行业标准体系。
批发业务电话：010-59757973；零售业务电话：010-85285659（北京）；网上书店电话：010-59757908；业务咨询电话：010-85285922。